丛书编委会

大家精要
典藏版丛书

简读

张载

宣朝庆　著

陕西师范大学出版总社　西安

图书代号　　SK24N1928

图书在版编目(CIP)数据

简读张载 / 宣朝庆著 . — 西安：陕西师范大学出版
总社有限公司，2025.5
　　（大家精要：典藏版 / 郭齐勇，周晓亮主编）
　　ISBN 978-7-5695-4198-4

　　Ⅰ.①简… 　Ⅱ.①宣… 　Ⅲ.①张载（1020—1077）—
传记 　Ⅳ.① B244.4

中国国家版本馆 CIP 数据核字（2024）第 026771 号

简读张载

JIAN DU ZHANG ZAI

宣朝庆　著

出 版 人	刘东风
策划编辑	刘　定　陈柳冬雪
责任编辑	张　姣
责任校对	宋媛媛
封面设计	龚心宇　张潇伊
出版发行	陕西师范大学出版总社
	（西安市长安南路 199 号　邮编 710062）
网　　址	http://www.snupg.com
印　　刷	深圳市福圣印刷有限公司
开　　本	889 mm×1194 mm　1/32
印　　张	6.125
插　　页	4
字　　数	107 千
版　　次	2025 年 5 月第 1 版
印　　次	2025 年 5 月第 1 次印刷
书　　号	ISBN 978-7-5695-4198-4
定　　价	49.00 元

读者购书、书店添货或发现印装质量问题，请与本公司营销部联系、调换。
电话：（029）85307864　85303629　　传真：（029）85303879

目 录

第 1 章

名 教 可 乐

　　他的一生只有五十八年，身后留下的著作并不多，甚至不能用著作等身来形容他，然而他对中国思想发展产生的影响却是十分深刻和深远的。他一生中最出色的时期不是年轻时的修文习武，也不是中年时的出关入仕，而是晚年退居陕西眉县的横渠镇，创办书院，创立关学，在时间上也不过七八年而已，然而在这短短的时间里，他却留下了"民胞物与"伟大的思想，吸引着后世的思想家、政治家、读书人不断地向他取法。他就是中国历史上最了不起的思想家之一、关学宗师张载。

千古文章两张载

回首历史，我们能够看到两个张载的背影划过历史的天空，中间隔了七八百年的时间。他们两个都曾负有盛名。第一个张载，生活于西晋末年，河北安平人，生卒年已经不可考。据史书说，他性格娴雅，博学多闻，曾任著作郎、记室督、中书侍郎等职，与其弟张协、张亢都以文学著称，时称"三张"。

晋太康二年（281）前后，他到四川去看望在那里为官的父亲，途经剑阁，著《剑阁铭》。铭文先写剑阁形势的险要，又引古史指出国之存亡在德不在险的道理，被后人誉为"文章典则"。晋武帝看后感慨良多，派人镌刻于石上。他也很擅长写诗，曾作《七哀诗》，其中有"北芒何垒垒"，写汉代帝王陵寝在三国被毁后的景象，慨叹世道乱离和沧桑变化；又有"秋风吐商气"，写秋风扫林、满目凄凉的景色；"阳鸟收和响，寒蝉无余音""肃肃高桐枝，翩翩栖孤禽。仰听离鸿鸣，俯闻蟏蛸吟"，情感肆无忌惮地倾泻在景物的描绘中，表达了他对现实的不满和内心的孤独苦闷。刘勰在《文心雕龙》里说，那个时代产生忧念的诗人，是因为社会"世积乱离，风衰俗怨"。因此，他的诗也是那个时代知识分子和社会风习的写照。

诗人的惆怅当然不仅仅是有感于大汉帝国的覆灭，还有着对一个辉煌的思想时代消逝的感慨，那个曾经号称"独尊儒术"的文化时代，在东方文明圈中赢得荣光的时代，在国家陷入战乱和分裂的时刻过去了。其后，先是"祖述老庄"的玄学风靡社会上层，继而有道教流行于朝野，进而则是佛教盛行于大江南北。这些思潮的主流是无为、虚无或性空，对现实世界表达着失望的情绪，对社会人生散布着否定的逻辑。面对苦难，很多人忘记了自强不息的古训，常做精神上的逃避，而不是行动上的进取。这是西晋时期的张载必须面对而不乐见的思想场域。

三百多年后，历史进入了国势鼎盛的唐朝。李唐在思想领域号称"三教并尊"，其实仍然是佛教占优势，当时主要的思想家和杰出的哲学家都不在儒家而在佛门。对此，北宋改革家王安石曾经与政治家张方平有一段对话。王安石问张方平："孔子去世百年后生孟子亚圣，后来再也没有人能达到孔子的高度，这是为什么？"张方平反问道："怎么会没有超过孔子的人呢？"王安石问："是谁？"张方平说："江南马大师（马祖）、汾阳无业禅师、雪峰岩头、丹霞云门等大和尚都是啊！儒家思想吸引不了他们，优秀的知识分子都归到佛教门下了。"魏晋以来，士大夫正心修身之资已为佛、道二家所夺。尽管当时有儒者如韩愈等人排击佛、道甚烈，但其范围不出强调儒学正统、纲纪伦常、夷夏之辨和经济因素这四个大的方面，而没能从思想理论的深度上加以批判，激烈有余而切中要害者不多。北宋初期，由于政治、社会尚不安定，政府基于稳定民心的考量，以拉拢宗教势力为手段，鼓励佛、道二教发展，结果给国防安全、经济发展与社会风气等方面造成了不良影响。宋代皇帝大多迷信，对于佛、道多有沉迷，如宋真宗利用道教符箓，搞天书封禅的把戏。

我泱泱中华难道要在精神上沉沦下去吗？我们能不能从传统文化中寻求资源，构建起精致的理论体系，实现中国人在精神方面的全面发展呢？理学恰是踏着时代的脚步应运而生的。按照杜维明的说法，它的出现就是儒学对于佛、道学说挑战的"一个创造性的回应"。理学不仅从理论基本面来批判佛老，也提出了一套足以与佛老思想相颉颃的新说。这一儒家思想的新发展出现后，一方面儒学终于有了适于时代的理论，一方面佛老精辟的学术发展亦开始走下坡路，于是历史上由来已久的"辟佛老"运动才算是真正告一段落。可以说，理学的出现扮演了关键性的角色。

本书的传主，北宋的张载正是催生理学的重要人物，"为天地立心""为往圣继绝学"是他的伟大志愿。在张载和周敦颐、程颢、程颐等人的思想中，"心""理""道""性"

等日用伦常的概念获得了升华。这些概念组成的理论体系，既营造了一个可与"天国""仙境"相媲美的"内圣"境界，又保持了儒学修己安人的入世传统，从而使得儒学面目一新。各位读者，让我们再进一步去了解这位大儒先哲在中国文化中的地位吧。

张载在宋以后的数百年时间里可谓赫赫有名。他是宋代理学的奠基者，也是四大学派之一关学的开创者。他的成就得到理学家们的肯定，程颢、程颐将他与孟子、韩愈相比，朱熹在《伊洛渊源录》中将他与周敦颐、邵雍、二程并列。后代统治阶层极为重视他的影响，宋理宗封他为郿伯，从祀孔庙。《宋史·道学传》为他立传，弘扬他的德业。他的著作在明、清两代是开科取士的必读书目，并在清初编入御纂《性理大全》和《性理精义》中，可见张载在理学发展上的贡献与地位。

修文习武倔少年

张载（1020—1077），字子厚，祖籍在今天的河南开封（古称大梁），生当北宋真、仁、英、神四朝。他的祖父张复，在宋真宗时任给事中、集贤院学士等职。他的父亲张迪，仕仁宗朝，官至殿中丞、涪州知州，赠尚书都官郎中。

按照社会学的研究，一个人具有先天的属性与后天的业绩，先天属性可能对后天业绩产生直接或间接的影响。士大夫阶层的家庭环境给张载日后为学、从政奠定了良好的家学传统，也激发了他强烈的社会责任感。关于张载童年时代的资料非常少，根据他的弟子吕大临的转述，他幼年随父亲到四川任上，受父亲熏陶，又进馆读书，表现出超然不凡的志向与气质，很受其父的赏识和影响。

张载十五岁时，父亲病故于知州任上，从此作为长子的他不得不担起家庭的责任。为了把父亲张迪的尸骨运回原籍大梁安葬，他和母亲陆氏、弟弟张戬及年幼的妹妹，护送灵柩越巴山，奔汉中，出斜谷，一路奔波。但是，在行至今宝鸡市眉县横渠镇时，因身上盘缠不足，又听说前方发生兵变，无力返乡，不得已把父亲安葬于横渠镇南八公里的大振谷迷狐岭上，张载一家也不得不在此守孝。他以后就生活在眉县，直至三十八岁考中进士。这也是后人称张载为横渠先生的由来。

现在横渠是一个小镇，在镇南约十公里的地方，有张载故居。张载和他父亲张迪、弟弟张戬的墓地掩在丛生的杂草中，当地人对这位历史上的大儒并没有太多的了解，因此对他的墓地位置大多不是很清楚。幸好还能看到清代乾隆年间的《眉县志》，卷前有一幅"张氏坟图"，标明曾有两条小水流环绕张氏墓地，这就是井田东渠和井田西渠。这两条河渠是张载实验井田制时开掘的，现在已经堙涸。井田东渠的源头，是大振谷水等四条水流。就地理位置而言，墓地位于横亘东西的秦岭山地的西北部，以北是广阔的平原，与平原以北的山地东西并行的是滔滔流去的渭水，南部则是绵延不绝的山脉，一直通向秦岭山地最高峰太白山。司马光曾在《又哀横渠诗》里赞曰："况于朱紫贵，飘忽如云烟。岂若有清名，高出太白巅。"就是用太白山比喻张载的志向和盛名。

年少的张载一边耕种，帮母亲支撑全家生活，一边肩负教育弟、妹成人的重任。可以想见，没有祖、父的抚养和教育，全靠个人的信念和自立精神应对各种事务是十分不容易的。所谓"穷迫不坠青云志"，在艰难的生活中，张载并没有耽误学业，农闲时便去崇寿院读书。现在横渠镇的张载祠堂，就是原来的崇寿院，后以张载知名于世曾改名横渠书院，院中尚存张载手植的柏树等文物。

历史对于这个年轻人来说是非常残酷的，当时太多的事情使他不能把精力放在读书上，在学问上并没有打下很好的根基。其中，除了养家糊口之外，西北的战争也时刻敲击着年轻人的心灵。关中地区地近西夏边界，当时正值北宋和西夏间时战时和，张载和很多年轻人一样，对此格外关注，也曾梦想投笔从戎，以身报国。

西夏政权源自唐末陕北藩镇，主要人口是党项羌，部族散居在陕陇北部一带。其首领拓跋思恭因助讨黄巢有功，唐室授为夏绥银节度使，赐姓李，后又晋爵夏国公，领有夏（今陕西横山西）、银（今陕西米脂西北）、绥（今陕西绥德）、宥（今陕西靖边东）、静（今陕西米脂西）五州，世代相传，历唐末、五代以至宋初。宋廷对于夏州李氏加以怀柔笼络，承认其世袭旧土的特殊地位，以安其心。开始时，李氏对宋廷也极为恭顺，但宋太平兴国七年（982）西北政情突变，宋夏关系崩坏。这一年，由于西夏宗族不睦，节度使李继捧自请率族入朝，献五州之地。继捧族弟继迁不服，出走地斤泽，以兴复为号召，屡次进犯诸州，西北边警顿起。北宋制裁无策，任其猖狂。明道元年（1032），元昊上台，他黠武多智，政治野心很大，在做太子时就反对臣服宋朝的政策，嗣位后改姓嵬名氏，又定服制，易年号，定官制，网罗人才。宝元元年（1038），元昊更自行称帝，国号大夏，并遣使于宋，要求宋朝承认他的独立地位。接着，元昊大兴干戈，于康定元年（1040）正月带领叛乱部队进攻延州（今陕西延安），包围延州整整七天，俘虏了北宋部队主要将领鄜延、环庆两路副都总管刘平和鄜延副都总管石元孙。

西北接连而来的坏消息，不能不使人们联想起澶渊之盟。北宋自立国开始，就缺乏雄才大略的君主，不能开拓出汉、唐那样的广阔疆域。不唯如此，自10世纪末开始，北宋对辽始终采取消极防御的政策，长期处于被动挨打的地位。景德元年（1004），辽军大举南侵，直抵黄河岸边的澶州（今河南濮阳附近）。尽管在宰相寇准的坚持下，宋真宗御驾亲征，战争取得了空前的胜利，但宋朝还是和辽国签订了澶渊之盟。宋每年向辽国纳贡十万两白银，二十万匹绢以赎买和平。元昊领导下的西夏正是抓住了宋朝皇帝的"惧战"心理，要以战逼和，让宋朝签下另一个"澶渊之盟"，攫取经济上的巨大利润。

宋夏冲突，元昊声势嚣张，宋廷朝议纷纭。此时，承平日久，天下全盛，故强硬论者力主出兵灭夏。但是，在西夏的进犯中，北宋军队连连败北。宋将刘平、任福、葛怀敏相继败死，北宋曾封闭雁门关，备战潼关，以防西夏进一步侵略。为此，先后有韩琦、范仲淹、庞藉等经略陕西，充实军需，力筹战守。特别是范仲淹到延州后，选将练卒，增设城堡，抚辑流亡，联络诸羌少数民族，深为西夏所畏惮，称"小范老子（范仲淹）腹中有数万甲兵"。

年轻的张载既沐浴在这样的氛围中，身上流淌着父、祖的热血，怎能不思考如何投身其中的问题呢？当时，他有一个朋友叫焦寅，是陕西邠县（今陕西彬州）人，武艺高强，颇通兵法。两个人商量着要组织一支民兵到西北战场上保家卫国、建功立业。庆历元年（1041），西夏出兵攻占洮西之地（今甘肃一带），张载时年二十二岁。形势危急中，他给时任陕西经略安抚副使、主持西北地区军务的范仲淹写信，强烈要求投笔从戎，收复失地。

范仲淹是北宋著名的政治家，士大夫的领袖，学术上也有很深的造诣。当时，延州知州张存已经被西夏吓破了胆，要求调任内地。范仲淹在这种情况下挺身而出，上表自请代张存知延州，主动挑起了保民卫国的重担。他多么希望能够像西汉的霍去病、东汉的窦宪一样，封狼居胥、勒石燕然，干出一番扭转乾坤的事业，永息硝烟！在《岳阳楼记》中，他曾大声地呼唤民众"先天下之忧而忧，后天下之乐而乐"，与他一起为国家社稷奋斗。他是多么希望能有更多的人一起来抵御外患、报国立功啊。然而，豪迈的理想抵不住北宋积贫积弱的现实。在西北军中，范仲淹很快就认识到现实的残酷。在《渔家傲》中，他叹惋英雄迟暮，壮志难伸——"塞下秋来风景异，衡阳雁去无留意。四面边声连角起。千嶂里，长烟落日孤城闭。浊酒一杯家万里，燕然未勒归无计。羌管悠悠霜满地，人不寐，将军白发征夫泪。"有道是"匈奴未灭，何以家为"，但北宋单纯防御的战略却使诗人不能唱出高昂激越的情调、必然胜利的信心，内心处于极度苦闷之中。在防御西夏进攻的同时，他开始为这个国家谋划新的未来。

张载的自荐书，带来了一个青年火一样的热情，而他信中所附的《边议》，展露了这个青年经略边疆的智谋。张载的远识和志向都让范仲淹非常振奋。在《边议》中，张载提出清野、固守、省戍、因民、讲实、择帅、择守、足用、警败等经略边疆的具体措施。大致内容可归纳为以下几点：（一）实行坚壁清野，把分散的居民点集中安置在山林、险阻之处，建立健全宗族、街坊、邻里等组织，让百姓乐于群居，相互协作。这样做的目的是当敌人进犯的时候，百姓可以自保，而敌人也难以掳掠到财物。（二）选择善于守城的将领负责，配置兵力，在被围困的时候可以支撑一个月左右。这样做的目的是当敌人进犯时，边关城池可以在短时间内做到自保，赢得救援时间。（三）推广边疆名将种世衡的做法，实行全民皆兵的战略，组织义勇军（民兵组织），作为防守的基本力量。义勇军平时按照军事单位进行军事训练，战时发给铠甲兵器，参与战斗，而老人、儿童、妇女则负责后勤工作。这样可以在巩固国防的同时，减少正规军驻扎的数量，节约军事开支。（四）慎择军事首领。改革文官节制武将的成法，慎重挑选边关主帅；同时，根据实际需要，在边关地区任命攻守兼备的人才作为守城将军，在内地则挑选能够发展经济、谋划军事的人才做领导人。（五）认真总结历次斗争中失败的经验，发现制胜之道。这套思想与范仲淹的思路基本一致。

投军方知名教乐

性急的张载可能没有等到范仲淹的回信就到了延州。他的那封信给范仲淹的印象太深刻了，范仲淹竟然在延州的军府召见了他，并对他保卫家乡、收复失地的爱国热情倍加赞赏。在谈话中，范仲淹更加深入地了解了张载的身世、生平、学养和志向，他对张载说："儒者自有名教可乐，何事于兵?"意思是说，作为书生，你的本分是研究儒学的博大精深，不需靠投身军旅博取功名。他希望张载能在文化研究方面投入更多的精力，以成大器。为了让张载牢记自己的教导，范仲淹把亲手抄写的《中庸》赠予张载，引导他在儒学上多下功夫。张载在范仲淹的身边待了较长的时间。据记载，庆历二年（1042），范仲淹主持修筑的大顺城（今甘肃华池东北）竣工，并且在抗击袭扰中发挥了重要作用，取得了军事斗争的胜利，为此范仲淹特请张载撰写了《庆州大顺城记》以资纪念。由此也可看出范仲淹对张载的器重。

范仲淹就是这样一位随时随地发现人才、爱护人才、培养人才的士大夫领袖。他入仕三十七年，无论是供职京师还是出任地方官府，一直以兴学育才为己任，培养了一大批享有盛名的儒学家，推动了儒学的复兴。《宋史》记载，范仲淹在任职地方时，于公务之余，把大部分时间放在教育上，经常延见书生，讲习诗书礼乐。北宋前期有名的泰山先生孙复、安定先生胡瑗都曾得到他的直接指导，其所在地成为宋初儒学复兴运动的南北重镇。《宋元学案》评价说："宋仁之世，安定先生起于南，泰山先生起于北，天下之士，从者如云，而正学由此造端矣。"正可见范仲淹兴学育才的重要贡献。即使在西北为将帅经略繁忙的军务时，范仲淹都不忘提倡学术，勉励后学。他和张载的故事正是这一时期培养人才的典范。

可是，让张载放弃从军的念头，埋头从事学术研究，范仲淹这不是在打击一个报效国家、抵御外侮的青年的热情吗？那什么能让血气方刚的张载虚心接受范仲淹的建议呢？这里面既有政治因素的影响，也有范仲淹对于社会、文化发展的深刻思考。此时，西夏方面虽然军事占优势，但宋廷加强边防，并对西夏实行经济封锁，因此西夏在经过数年战争的破坏损耗，又贸易停绝的情况下，无从补充，其国内已到物价通胀、公私交困的地步，双方都已在考虑议和问题。不久，宋答应册封元昊为夏国主，岁赐绢二十五万匹，茶三万斤，置榷场贸易，运用财货贸易维持了宋夏宗藩关系。范仲淹规劝张载投身学术研究的事情，应该是有这样的大背景在。

回首当日场景，"名教可乐"这四个大字，实在是需要好好推究一番，方可见范仲淹的眼界和胸怀。名教观念是儒家政治思想的重要组成部分，名即名分，教即教化，名教即通过定名分来教化天下，以维护社会规范和制度的运行。这种思想最初源于孔子，他在春秋乱世，提倡以等级名分教化社会，主张为政首先要"正名"，核心是确立父子、夫妇、兄弟、长幼、君臣的角色与关系，使人们明确自己的角色规范与义务。这在今天用社会科学的语言来表述，就是把社会规范内化到人们的心中，是一个社会化的工作，或者叫思想政治宣传教育工作。汉代天下一统，社会稳定，形成了提倡社会规范教育的潮流。大儒董仲舒继承了名教的思想，倡导审察名号，教化万民。丞相公孙弘在上汉武帝的奏章中也说"天下之通道五"，有"君臣，父子，兄弟，夫妇，长幼之序"。司马迁在谈到撰著《史记》目的时说，君臣父子之礼、夫妇长幼之别都是思想家们不可更改的重要价值观。汉武帝接受了这一思潮，就以名教治天下，一方面设立太学，发展儒学教育；一方面把符合统治阶级利益的政治观念、道德规范等立为名分，定为名目，号为名节，制为功名，用它对百姓进行教化。这就是历史上著名的"以名为教"。陈寅恪在《陶渊明之思想与清谈之关系》中指出,"以名为教,即以官长君臣之义为教,亦即入世求仕所宜奉行者也"。从历史发展进程来看,名教不单是指儒家的一套以名为教的伦理思想和价值规范,还是一种政治伦理的制度,一种由长期的历史发展所形成的以儒学为主流的文化实体,也就是人人必须生活于其中的现实的社会。尽管现代社会已经认定名教这套东西是封建的、落后的、腐朽的,但宋代的人们并不这样看。士大夫们认为,名教产生的效用是正面的,它有利于社会稳定和良性运行,符合当时社会的实际需要。试想汉代以名教治天下,竟然有近四百年国运,超过唐代一百年,这种辉煌的成就怎能不让后世人敬仰不已呢?所谓名教可乐,在范仲淹看来,它是有历史事实支撑的,是能够继续发挥治国安邦、利民强国的重大作用的。作为儒者书生,应该把圣贤创造的名教继续发扬光大,完善社会政治制度,使社会安定,人民生活幸福。这是比投身军旅更有价值的事情。

北宋前期,正是理想主义高扬的时代。士大夫阶层相信,国家兴亡系于一身,他们可以为国家与社会的发展创造机遇,让社会恢复到夏商周时代。为了完成这样的使命,个人必须按照儒家的思想修身养德。因此,名教之乐在个体层面上,是一种对儒家思想的主观认同,一种个人心理上的内省与反思，通过这样一个过程把儒家的世界观、价值理想转化为内在的人格追求，进而把社会的安乐幸福当作个人的安乐幸福。这就是范仲淹说的"须以道自乐"。范仲淹的名教思想，强调个人心性修养和社会责任，既包括仁、义、礼、智、信、忠、孝之类的传统内容，也有恬于进退，淡泊名利、气节观念等更新的内容。欧阳修评价他的一生，"公少有大节，其于富贵、贫贱、毁誉、欢戚，不一动其心，而慨然有志于天下"，毕生的言行都符合孔、孟之道、名教规范。在他看来，名教之乐实质上就是一种统一的内圣外王之道，心性之学与经世之学的有机结合，它源自孔、孟等原始儒家。孔子主张由"修己以敬"扩展到"修己以安百姓"，孟子提倡"亲亲而仁民，仁民而爱物"，都是名教之乐的重要阐述。孔子反对那种脱离社会单纯追求个人之乐的隐士，孟子反对那种缺乏担当意识而与社会同流合污的乡愿，这是通过反面的例证来为名教之乐定位。所以，名教之乐蕴含着儒家所倡导的安身立命之道，洋溢着浓厚的人文关怀，代表着合理地处理个人与社会、内在与外在关系的积极进取的人生观。

名教之乐与《中庸》的关系在战国时代开始确立。作为一种人生观，名教思想必须建立在对世界的具体认识之上，必须有一整套的哲学思想为依托。早期儒家把这种人生观提到天命论的哲学高度来进行论证，在《中庸》中提炼成为三个经典性的命题："天命之谓性，率性之谓道，修道之谓教。"第一个命题讲世界观，第二个命题讲人生观，合起来就是有关内圣心性之学的全部内容。第三个命题讲由内圣而外王，由心性修养扩展到经世致用。这三个命题是紧密联系，不可分割的。但是，随着国家发展，儒家并没有在内圣上更下功夫，而是过多地偏向"博施于民而能济众"的外王事业，并以此为最高理想，所以在哲学思维方面存在很大的欠缺。个人一旦外王事业受挫，内心的苦闷无法排解，往往在价值观、世界观方面出现问题。汉魏以后，佛、道二教兴起，向儒家的名教思想发起挑战，正是发现了儒家思想在心理调适方面的缺陷。但是，佛、道二教的心理调适和哲学指导，偏向了否定的逻辑、空无的思维，也是不得不克服的问题，所以到中唐以后，韩愈、柳宗元等思想家们已经认识到，士大夫阶层迫切需要新的思想来补充和完善儒家已有的思想体系，重建中国文化的根本。

范仲淹看到了中国文化的根本问题，所以他把"兵"与"名教"相对立。在词意方面，"兵"有两层重要含义，一是指军事，一是指"投身军旅，博取功名"。我们先从后者用历史事实进一步分析。可以说，把名教与"功名"对立起来，是建立在沉重的历史教训的基础上的。就此问题，这里不妨再作进一步的分析。

战国以后，经世致用成为学术主流思潮，儒学的发展逐渐偏于外王而忽视内圣，这从孟子与荀子的分野已见端倪。汉朝建立后，幅员辽阔、气魄雄浑的统一帝国犹如旭日初升，统治者更是大力召唤人们去建功立业，人们的安身立命之道用不着退回到个人的内心世界中去寻找，而要在外在的现实世界的事功中去寻找，在功名利禄中去寻找。这个过程在后世理学家看来，恰是"周公没，圣人之道不行，孟轲死，圣人之学不传"。表面看来这段话是说，自孟子以后学绝道丧，儒学的发展形成了严重的断层现象，其实是在强调一个问题，即儒学发展到汉代，形成了经学，偏离孔、孟一系的精神取向，表现出现实主义的品格，缺乏高层次的理论兴趣，片面地强调通经的目的就是致用，所谓"以《禹贡》治河，以《洪范》察变，以《春秋》决狱，以三百五篇当谏书"（**皮锡瑞语**）。因此，尽管汉代的经学发展形成了一套庞大而严谨的章句之学的体系，却没有给人们提供一种可以作为精神支柱的世界观和人生观，也没有给人们启示一种下学而上达的成圣成贤之方。就这一点来说，蕴含于孔、孟儒学中的许多关于塑造理想人格的重要内容确实是早在汉代就已经失传了。如果外在的现实世界是一个稳定的世界，一个可以通过现实的操作来进行调整的世界，那么儒学的这种缺陷还不至于显露出危机，动摇人们对儒学本身的信念。但是，随着名教社会产生了严重的问题，追求外在事功的道路被堵塞，迫使人们不得不退回到内心世界去寻找精神支柱，危机就会显露出来。儒者为了寻求一个稳妥的安身立命之道，往往改换门庭，用佛教、道教来填补自己精神上的空虚，在一些人身上表现为信念动摇，价值失落，人格发生分裂。

把名教与军事作对比，则有着具体历史情境中的思考。这还要从广阔的社会环境中去寻找答案。张载生活的时代，北宋王朝早已失去了汉唐帝国君临天下的雄风。对于宋朝来说，辽、夏都不再是周边附属性的少数民族政权，而已经成长为在政治、军事、经济诸方面都能与赵宋长期抗衡的少数民族王朝。作为知识分子领袖的范仲淹，有着常人难以企及的器识。在当时的历史环境中，他要思考的是如何改革宋代积贫积弱的局面，如何才能在政治制度、社会经济和思想文化上保持领先地位，奠定北宋立足于世的制度基础。当时，除了军事威胁外，北宋社会危机四伏，如欧阳修所言，"从来所患者夷狄，今夷狄叛矣；所恶者盗贼，今盗贼起矣；所忧者水旱，今水旱作矣；所赖者民力，今民力困矣；所需者财用，今财用乏矣"。验之于史书可知，当时外有西夏的入寇、辽朝的勒索，内则有官僚机构庞大臃肿，官吏们苟且偷内，民变、兵变纷起，水涝干旱等自然灾害不断，国家财政拮据。面对宋廷立国以来从未有过的重大危机，仁宗本期望执掌朝政的公卿大臣们能提出应对之策，但执政大臣不肯主事，纷纷躲避退让，以求自安，甚至整个官僚机构都不求有功但求无过，对于大小事情一概应付了事，可以说士大夫群体被无所作为、不求创新的风气所笼罩。范仲淹有着"宁鸣而死，不默而生"的铮铮铁骨，是一个果决而有担当、有远识之人。当此窘迫之时，他和欧阳修等人正在谋划挺身而出，打破沉闷的政治空气，改革政治制度。儒家名教，正是他们用以革新政治的指导思想，甚至是一种范本或理想的目标。相较于军事斗争，如何处理内部的政治、经济、社会问题是更为基础的课题；相较于国与国之间的政治对抗，完善社会制度，推动文化发展是更为根本有效的途径。退而言之，即便是要解决张载提出的节省军事开支问题（"足用"），也不是仅仅在边境地区搞些小改革就能实现的，必须对国家的整体进行改革，彻底改变过去的一些恶政，裁撤冗兵、冗员，清理冗费。

改革需要人才，但是自魏晋以后，教化和师道衰微，治国之才不是那么容易培养和发现的。这个问题在唐代就有显现，大儒韩愈曾在《师说》中疾呼："嗟呼！师道之不传也久矣！"柳宗元也呼吁："今之世，为人师者，众笑之。举世不师，故道益离。"北宋建立后，情况也不容乐观。因此，欧阳修感叹："师道废久矣。"在范仲淹等人的努力下，才有胡瑗、孙复以及石介出来讲学，并先后进入太学，极大地促进了北宋教育事业的发展。张载见范仲淹的时候，正是庆历新政呼之欲出之际。在范仲淹的周围团结着以经世致用，即以外王为主的知识分子，如李觏、欧阳修等，也有以内圣为主，讲求心性修养的以"宋初三先生"为代表的学者。所以，范仲淹寄希望于年轻的张载，让他去完成从外王反诸内圣的哲学贯通。对于张载这样胸怀天下的人物来说，怎能不为范仲淹的高瞻远瞩所折服，怎能不心领神会呢？总之，范仲淹的指导，对张载以后走向学术道路有很重要的影响。

范仲淹泛通六经，尤其对《易经》有着精深的研究，而他在指导泰山先生孙复的时候教授的则是《春秋》，指引张载修习儒学的门径再变为《中庸》，这就是因材施教。在范仲淹看来，《中庸》对于张载的未来发展将有什么重要影响呢？在范仲淹、张载的时代，《中庸》《大学》还只是《礼记》中的两篇文章，南宋时朱熹作《四书集注》，使《中庸》在儒家传统中的地位大大提高，成为一部极重要的经典，与《论语》《孟子》《大学》并列，几百年来成为文官应试的基本科目，甚至是每个中国文人在青少年时代都要背诵的著作。现在基本可以肯定，北宋时代是范仲淹最先发现了

《中庸》的独到价值和功用，认为其中蕴含着儒家精神的核心与精华。范仲淹看重《中庸》，是因为它里面讲的是做人与治国的道理，不仅提示人们为人处世要不偏激、不保守，持中而立，中道而行，而且是对自我和世界的一种反思和超越，是天人合一的表现。作为儒家的世界观、方法论和伦理道德标准，中庸是一种积极而不激进、执着而不偏执的精神状态，是一套内向的自我完善和自我强化的准则，体现了儒家的最高哲学智慧。所以，在范仲淹看来，学习《中庸》，能够重树先儒修己治人的道德仁义精神，既重视内在的人格修养，又不弃治国平天下的经世之道，从而以人格立师道，而生根于社会。对于张载这样的年轻人来说，靠着年轻气盛，学习先贤"慨然以天下为己任"并不奇怪，如果没有进一步的精神提升，可能会一生堕入"功名利禄"的陷阱；但假如能用《中庸》的修养功夫来进一步锤炼他的心性，为求治国平天下而先求修身，为求修身先求正心诚意，树立正确的价值观和世界观，则必将成为国家和社会建设的栋梁之材。在中国历史上，大凡成就事业的圣贤豪杰，无不都是修身正心的典范。在范仲淹身上所体现出的公而忘私、先人后己等良好修养，就与《中庸》的熏陶有关。

出入佛道返"六经"

张载接受了范仲淹的指导，精研《中庸》，并向范仲淹虚心请教其中的义理。但是，他并没有为此满足，而是把体悟《中庸》当作一场战争。在他看来，单单深刻细致地研读《中庸》本身是不够的，《中庸》的心性之学是不完备的，本身并没有系统、详尽地告诉人们如何建立"圣人之德"，要想真正在心性之学上登堂入室，还要到佛教、道教经典中去看看它们是怎么构建一个精致的理论世界的。张载就是这样一个求知欲望极强的人。于是他利用一切机会遍访高僧大德，尽读佛教、道教的典籍。所以，《宋史·张载传》记载，他"犹以为未足，又访诸释老，累年究极其说，知无所得，反而求之'六经'"。既习儒学，又研释老，并且锲而不舍地探讨其精义，竟然达到了"累年究极其说"的程度，可见其砥砺之力，用功之深。

居家读书期间，张载在其书房撰联"夜眠人静后，早起鸟啼先"，书于书房两侧，勉励自己发奋求学。经过多年的研究，他对佛教、道教义理已经有了深刻了解，对于它们的问题也了然于胸。他发现，与儒学相比，佛老言虚谈空，不切实处，难以解决人生和现实社会问题，于是又返而学习儒家的经典"六经"。这种研学历程跟很多理学家是一样的，先有一个"出"，然后再来"入"，这样学问才能够最后坚定地确立起来。程颐曾在《明道先生行状》中回忆他的哥哥程颢，"自十五六时，闻汝南周茂叔论道，遂厌科举之业，慨然有求道之志。未知其要，泛滥于诸家，出入于老释者几十年，返求诸六经而后得之"。这和张载的经历是完全一样的。

清人全祖望曾经对北宋的学术形势下了一个很著名的论断，"庆历之际，学统四起"，在齐鲁、浙东、浙西、闽中、关中及四川各地都有一批重要的理学人物出现。其实这是一个笼统之言。以张载而论，他在庆历年间（1041—1048）还是刚刚进入儒家门径，尚未形成独到的理论体系。二程情况与此相类。他们都还需要进一步的发展，才形成后世称道的多个主支，即周敦颐的濂学，张载的关学，程颢、程颐的洛学以及邵雍的象数学。这真是个了不起的时代，除此之外，同时代的韩琦、司马光、文彦博、"三苏"、王安石、范祖禹、"三孔"、曾肇、邹浩、张舜民、晁补之、黄庭坚、张耒、秦观等人也各领风骚，名闻后世。所以恰当地说，全祖望的断语更多的是在形容张载生活的时代是中国历史上人才辈出的大时代。这些人大多有一个博览群书的过程，本身是多种文化影响的受益者。

张载离了范仲淹，又是苦心钻研了十多年，出入老庄、佛教，最终归于儒家，这种求学过程之艰苦与寂寞是非常人所能忍受的。在他汲汲于学问的时候，很多同龄人已经考取了功名。就连小他十岁的弟弟也早他数年考中了进士。但是他不为所动，自称"抱愚守迷，未厌山僻"。在这个时期，张载没有留下著述，却在访学、论辩的过程中渐露头角，在当地读书人中有了不小的名气，因此有很多人愿意追随他学习。二程评价张载时曾经说，"子厚则高才，其学更先从杂博中过来"，说的就是这一时期的事情。

张载在这个时期还产生了另一个重要的思想倾向，影响他的一生，就是强烈的反佛取向，给人们留下深刻的印象。他坚持认为，人生而为人，是天地之气的聚合，根本不是灵魂的生死轮回；佛教倡导生死轮回，与庄子的化蝶相类，基本上不可理喻；而佛教徒们以现世为虚妄、为苦，也是根本不了解人生有积极向上的意义。他要识圣人之心，显君子之志，引导天下人"窥圣贤门墙"，重新认识儒之大道。可以说，通过对佛教、道教的学习，张载既获取了思想发展的营养，又看清了它们的问题所在，使自己的思想重新定尊于儒。在此基础上，他除继续发扬宋儒义理之学中长于议论、敢于疑古的传统外，又注入了兼容异学、心解内求的前所未备的新内容，最终形成了"以《易》为宗，以《中庸》为体，以孔、孟为法"的学术体系。这套体系继承了儒学《易传》论述本体宇宙论的模式系统，建构出一套以气一元论为核心的真实存有的本体论，用以对峙佛老在本体义上谈空、无之论的价值意识，继而配合儒学思想，从《孟子》"尽心、知性、知天"的方向联结《中庸》"天命之谓性，率性之谓道，修道之谓教"的观点，提出了穷理尽性、善反成性、变化气质等修养功夫，更在《西铭》一文中，展现其为"天地立心、为生民立命、为往圣继绝学、为万世开太平"的磅礴经世思想。其理论思想奠定了北宋儒学的基本精神，张载由此而成为理学的开山人物。

从思想运动的轨迹看，张载思想处于理学形成的中间位置上。蒙培元指出，北宋初年是理学开创阶段，范仲淹、欧阳修等人上接唐朝柳宗元的气论和韩愈的道论，开始为儒家哲学植入了理性成分，通过探讨天地万物之源，革新了儒家的解释学，在以义理解经的过程中，首先提出了理气问题，并初步形成了宇宙本体论思想。张载则完成了范仲淹、欧阳修等人提出的任务，建立了气本体论哲学，在宇宙论上确立了以"气"为最高范畴的体系，构建了理学形成中的重要阶段。

历史常是各种因缘的际会。如果没有范仲淹的开示，张载完全有可能如其他书生一样，"惑"于兵、释、老，走上另一条人生道路，宋学之盛也就少了一位大儒。幸运的是，他"初受裁于范文正，遂翻然知性命之求"。从那一刻起，张载的心灵和命运都发生了根本性的改变，中国历史上或许少了一名能守善战的将军，却多了一位誓做圣人、鼓舞人心的旷世大儒。

第 2 章

学 而 论 政

文章本非图功名

宋代的士人是最受优遇的身份集团。科举在宋代成为最主要的登仕途径，使读书人的出路有了保障。不仅如此，在经济上也有种种优免。像张载这样的官宦世家，在其父死后继承官户的名分，免除徭役及身丁钱，那些太学、州学生也享受同样的待遇，在学的学生还能享受到食宿补贴。当年，泰山先生孙复因母亲年龄大，家贫无法读书，范仲淹就招他入学，条件是"月可得三千以供养（家庭）"，使他安心学习。同时，宋代执行古训，"刑不上大夫"，士人及其家人犯罪，也有种种减刑措施。高门贵族早成过去，僧、道二门的声势也远不如前，而读书一途前程远大，可享受种种优遇，使儒士成为万民钦慕的对象。"万般皆下品，唯有读书高"一谚，正反映了这一事实。

张载生于宋真宗时代，真宗曾作励志诗一首，名曰《励学篇》："富家不用买良田，书中自有千钟粟。安居不用架高堂，书中自有黄金屋。出门莫恨无人随，书中车马多如簇。娶妻莫恨无良媒，书中自有颜如玉。男儿欲遂平生志，'六经'勤向窗前读。"这几句话把天下读书人哄得热血沸腾，引得一个个头悬梁、锥刺股，寒窗苦读。但所有的事情总是有个限度，提倡得过了头，就会出现反面效果。正如诗里所言，只要做了官，一切好处便随之而来！为应付科举考试，文人们专习辞赋声律，社会上形成了为猎取功名而崇尚浮华、险怪、奇涩的空疏学风，这种学风下创作的诗词被称为"太学体"。

在那样的氛围中，张载刻苦治学、安贫乐道，就显得格外引人注目。同时，他也反对政治利诱下的文风，指斥"朝廷以道学、政术为二事"，把核心价值抛弃一边的错误做法。照常理而言，特立独行往往会遭到社会的排斥。不过，幸运之神再次眷顾到他。仁宗嘉祐二年（1057），发奋读书十六载的张载这时已经三十八岁了，而小他十岁的弟弟张戬早于四年前中进士，时任陕西阌县主簿（今河南灵宝阌乡）。两兄弟相比，张载似乎大器晚成。这年，他感到学问已经自成一家，这才赴汴京（今河南开封）应考，此次北宋古文运动的领袖欧阳修以翰林学士身份主持进士考试。欧阳修推崇韩愈"文从字顺"的精神，提倡简而有法和流畅自然的文风，反对浮华雕琢和怪僻晦涩，主张文章要"切于实际"。据《宋史·欧阳修传》记载，在进士考试中，欧阳修大力排抑"太学体"，采用"太学体"的一律取消录取资格。结果，那些满心以文章取功名的落榜者大为不满，甚至有不少人窥伺欧阳修行程，在他外出时，聚众拦堵，谩骂鼓噪。由于人数众多，闻讯赶来的街逻（巡视街巷的兵卒）都难以阻止。但是，经过欧阳修的这次整顿，"场屋之习，从是遂变"，张载与苏轼兄弟、曾巩、吕大临等人同登进士。日后，张载担任地方官吏，重边防，行井田，定乡约，提出一系列"因民""讲实"的措施，具有较大的实用价值，并取得一定成效。苏轼游宦南北、兴修水利、防洪救灾、疏浚西湖、为民请命，创立了万民争诵的业绩。这些都是后话。

翻看范仲淹、欧阳修、张载的历史，感觉宋朝真是一个奇特的时代。这三个人都少年丧父，成长于一个残破的家庭。范仲淹曾在庙中以粥为食，且拒绝太守之子提供的美食，皇帝到来也不去看热闹，而是安心读书。欧阳修幼年家贫，就以芦苇秆当笔，在地上练字。就是这样一些人，他们凭着坚强的意志、向学的精神，成为闻名于世的人物，把北宋的文化与时代精神推上了一个新的境界。他们在困厄的环境中不低头、不屈服，艰苦奋斗、愈挫愈奋的劲头，值得我们好好学习。

早在宋仁宗至和二年（1055）以前，张载就以"名行之美"获得名臣文彦博的赏识。文彦博曾受学于泰山先生，在被贬长安时，特聘请张载到长安书院讲学，给以特别的礼遇。此时，文彦博重新入朝拜相，在张载候诏待命之际，他支持张载在开封相国寺设坛讲《易经》新解。一时听者云集，声震遐迩，讨教者络绎不绝。

张载讲《易》的成功是与京师的研《易》风气分不开的。北宋前期，君臣间研讨《易经》成风，尤以宋仁宗持续时间最长。1049—1053 年，宋仁宗与群臣共讲《易经》，讨论时政，同时对讲《易》、进《易》的学者礼遇有加，加官晋爵，赐诗、赐宴、赐物，尊崇至极。这种做法促成了士大夫间学《易》、论《易》的风气。受到社会风尚的影响，北宋理学的蓬勃发展，也是围绕《易经》的诠释和发挥而展开的。胡瑗有《周易口义》，欧阳修有《易童子问》，王安石有《易说》，苏轼有《东坡易说》，周敦颐的主要理学著作是《太极图说》《通书》（亦名《易通》），程颐的主要著作是《易程氏传》，张载的主要著作是《易说》《正蒙》，只有程颢没有易学著作。据说张载讲学期间，坐虎皮椅，受尽荣宠，其中就反映出当时人们对《易经》学者的敬仰，也说明张载的理论思想已经得到了社会认可。不过，张载此时的易学思想还属于初创、早期阶段，不够成熟。

在洛阳讲学期间，他见到了程颢、程颐兄弟——他的两位表侄。二程出自周敦颐的门下，对易学的研究很不一般。程颢同张载在相国寺讲论终日，为一时盛事。虽然程颢在学术见解上同张载存在分歧，但二程很尊重张载，说："观吾叔之见，至正而谨严。"张载比他们大十二三岁，但他也能虚心待人，静心听取二人对《易经》的高见。经过相互切磋，他感到自己学问还不够精深，第二天就对听讲的人说："二程深明《易》道，我所不及，你们可以他们为师。"于是撤席罢讲。其实，此时三人均没有形成系统的思想体系，谁也不比谁高明，所以张载还是认为"吾道自足"，对自己的学识蛮有信心，坚持自己的学术道路。这种意识集中体现在他这一时期的学术成果《易说》里，表现了一个醇儒在学术上积极开拓的精神。三人的研讨是这样的愉快，程颢欣喜地对张载说："不知旧日曾有甚人于此处讲此事。"在洛阳期间，张载还结识了象数大师邵雍，并与之交往。在与他们的交往中，相互吸收、相互论难，张载开阔了视野，为日后继续发展"以《易》为宗"的学术思想体系积累了材料。

敦本善俗云岩令

嘉祐二年（1057），张载出任祁州（今河北安国，一说河北藁城东北）司法参军，不久迁任云岩（今陕西宜川北）县令。在中国历史上，县官都具有三种主要职责：钱谷之责、治安之责、教化之责。其中，钱谷之责是核心，治安之责是保障，教化之责是重要的辅助，三者相辅相成、缺一不可。但是，张载提出，从乡村治理的顺序上而言，应该先重视教化，为政要以敦本善俗为先。早在张戬为官起，张载就提出了这一思想，并叮嘱弟弟一定要照办。他任职云岩县令的时间虽然不长，但是充分贯彻了这一施政理念。敦本善俗，进行社会教育，是需要下大力气，却又不能在短期内见到效果的，不如架桥、修路、筑堤等容易作出政绩。所以，张载所选的为官之路也是要耐得住寂寞，是一条真正为民造福、于民有益的正路。

张载认为，要敦本善俗，最重要的是普及礼仪，教育人民懂得尊老爱幼。张载在云岩期间，每月十五，召集民间素有名望的老人到县衙，设酒食款待，张载亲自主持，席间询问民间疾苦，提出训诫子女的道理和要求。当县衙出台规定、告示时，为了把文告内容尽可能地传达到每个人，也召集乡老到会，向他们反复说明，让他们把详情转告乡民。有百姓到县衙办事，或者路上遇到，他必问"某时命令某人告诉你们某件事，不知转告了没有"，如果没有转告，他就会在下次的宴饮时作出责罚。因此，县政府发出的告示，即使不识字的人和儿童也都知道。

这种做法其实是《礼记》中乡饮酒礼的变通。乡的本字为飨，《说文》五下食部有"飨，乡人饮酒也"。段注"《豳风》：朋饮斯飨。传曰：飨，乡人饮酒也"。杨向奎曾指出"'乡饮酒'礼起源于氏族部落的会'食'中"。因此，乡饮酒礼最初通行于部落之中，主要表现为邻里之间定期的聚会宴饮，按照序齿排列座次，以表敬老之意。《礼记·乡饮酒义》载："乡饮酒之礼，六十者坐，五十者立侍，以听政役，所以明尊长也。六十者三豆，七十者四豆，八十者五豆，九十者六豆，所以明养老也，民之尊长养老，而后乃能入孝悌……教之乡饮酒之礼，而孝悌之行立矣。"就是说，在乡饮酒礼的会食中，六十岁以上的人才有资格坐着，六十岁以下的人则站立在下位，端汤敬酒。在饮酒方面，按年龄不同，敬饮的酒也不一样。这是农村基层社会的基本权力结构，反映了老人统治的社会现实。乡饮酒礼的目的就是体现年高者较高的社会地位，引导社会敬老尊贤，其意义十分深远。这种制度在汉代以后就消失了，唐朝曾试图恢复，但是没有效果。

张载召集乡里老人宴饮，成为宋代恢复乡饮酒礼的开始。明清以后，乡饮酒礼都要求各府、州、县行政长官代表朝廷亲自到场参加，以表示对被宴请宾客的尊重，彰显礼仪的隆重。乡饮酒礼于每年的正月十五、十月初一各举行一次，地点设在各府、州、县儒学的明伦堂。同时，对参加宴饮的宾客也有很明确的规定。邀请参加乡饮酒礼的宾客均为当地身家清白、齿德具尊的耆老乡绅，其中致仕官员被称为大宾，年高有德者被称作僎宾，年稍长、有德者被称作介宾，一般均统称为乡饮宾。在宴饮的过程中，主持的官员要为大家宣讲为臣尽忠、为子尽孝、兄弟相亲、邻里和睦、朋友有信、长幼有序等道德伦理规范，有过错的人还要立在正席下聆听教训。

乡饮酒礼阐扬了"名教"的三纲五常，也是政府利用地方社会中的宗族势力加强社会控制的重要手段。张载重新启用乡饮酒礼，一方面是由于他熟悉"六经"，"尊礼贵德"，希望能古为今用；另一方面也是因为他长期生活于地方，熟悉地方社会的运作规律。他知道，在地方宗族社会中，老人在家族或邻里中起着调解纠纷、劝善化俗等作用；同时，老人熟知地方社会的田土、水利、丁产、户口等情况，了解农家的实际状况和动态及民间疾苦，是政府施政所须倚恃的重要力量。要使一个地方民风淳朴、社会安定，就要充分发挥地方上家族长老的这些作用。在施政中重视老人的作用，不只是张载一个人的做法。当时苏轼也有着类似的经验。当年，苏轼从知颍州移知扬州时，为了掌握地方的实际情况，不断"访问耆老、有识之士"，"亲入村落，访问父老"，开座谈会，而且在这个时候还要摒除地方胥吏，防止他们干扰或打击报复。

史笔襄赞军国事

嘉祐三年（1058），张载调任京官，任秘书省著作佐郎。宋代在京服职的文官，按其官阶分为升朝官和京官二等。其中常能朝见皇帝的官员称为升朝官，此外不常参见皇帝的低级文官称为京官。这类官员在宋初有秘书省的著作佐郎、大理寺丞以下到秘书省校书郎、正字、将作监主簿等。当时，凡是取得高等科名的士大夫，大都愿在史馆或秘书省等号称储才之地的机构谋一职事，以期顺畅地进入统治核心。

张载作为著作佐郎，在著作郎的领导下编修日历，官从六品，属于日历所。日历所并非编修历法的机构，而是专门负责、整理政府各部门汇报来的资料，与史馆、编修院、国史院、实录院、起居院、会要所、玉牒所、圣政所、时政记房等并列为重要的国家修史机构。宋代规定，所有政府部门每天都要提供资料给日历所，史官根据起居注、时政记等，汇整档案资料，依序编排，作为日后编修实录的根据。因宋人如此勤于编修日历，使得宋代保存了异常丰富的史料。这个时期，张载的位阶较低，但是其工作清要，地位尊崇。这是因为在中国这样一个重视修史的国家，历代史官之权责都很重大。如汉代法律规定，太史公位在丞相之上，天下计书，先上太史公，副上丞相。唐代的韦安石曾说："世人不知史官权重宰相，宰相但能制生人，史官兼制生死，古之圣君贤臣所以畏惧者也。"一般而言，担任史官者，须是博闻强记、疏通知远、安贫乐道之士。

当时，编修日历的工作极为繁重。嘉祐四年（1059），欧阳修以翰林学士兼史馆修撰，成为北宋整个史馆机构的领导。在《论史馆日历奏》中，欧阳修向皇帝提出，由于长期以来史馆修撰人选更迭频繁，日历编辑工作受到严重影响，以致积压了数年甚至十几年的工作难以追补。同时，日历基本以时政记和起居注为依据，如果前者记录过于简单，日历就难以翔实。因此，他建议，以前积年未修的日历暂不追修；编修日历官员可以根据所闻所见编修，如果事实、资料不清楚，有权发文给有关部门询问详细过程、结果等。可以想见，张载整天埋首于各种文件资料的整理之中，按日记录宋代发生的各种大事，而且一干就是八九年。不过，在修史过程中，张载接触到大量信息，广泛而深入地了解了北宋的政治、经济、社会情况，为他的思想发展夯实了现实的基础。

治平二年（1065），张载因为母亲年老，请辞修史之职，回老家养亲。不久应长安京兆尹王乐道招请，到郡学（**西北的最高学府**）授课。张载授课贯穿着培养社会公德的主题，主张读书人要多学习尧舜为民造福的精神，而不是单纯追求科举的技能，鼓励学生们多学习与现实生活相关的知识和治国防边等大事。此时，西北防务已经由范仲淹的旧部、环庆经略安抚使蔡挺接掌。蔡挺与范仲淹的关系非同寻常。范仲淹自天圣五年（1027）起，应南京（**当时的河南商丘**）留守晏殊之聘，主持应天书院两年。因为督学有方，勤劳恭谨，各地学者慕名前来，培养了一批北宋名臣，其中就有蔡挺、富弼等人。景祐元年（1034），蔡挺二十岁，进士及第，从此开始了仕宦生涯。《宋史·蔡挺传》记载，蔡挺先是出任虔州推官，任满后考虑到父亲要到蜀地做官，路途遥远，乞请代行，因此又任陵州团练推官。范仲淹曾作《送蔡挺代父之蜀》诗一首，歌颂他的孝行。后来，蔡挺曾作为王尧臣的秘书，到陕西视察边防，又跟随富弼使辽。范仲淹宣抚陕西时，特请朝廷命蔡挺担任泾州通判，蔡挺是范仲淹的得力助手。蔡挺治郡有方，理财有术，竟然得到三司的认可，派人前来学习蔡挺的工作经验。多年后蔡挺历经陕西转运副使、知庆州、任环庆经略安抚使等职，多次上书论陕西攻守大计。

治平三年，西夏侵犯秦凤、泾原一带，直逼大顺城。蔡挺率蕃官赵明等人往援大顺城。他命令坚壁清野，边民全部进入城堡，并严令各军寨严防死守，不许出战，同时用铁蒺藜撒布在大顺城环城水中。西夏骑兵渡水时马蹄多被刺破，西夏人惊叫水中有神。西夏兵连攻三日，仍然一无所获，于是西夏国主李谅祚身披银甲，头戴毡帽，亲临阵前督战。蔡挺派八百名强弩、弓箭手埋伏城外，箭如飞雨，西夏军死伤不可胜数，李谅祚也被流矢射穿铠甲，西夏军无心恋战，纷纷败退。蔡挺因功以枢密直学士为泾原路经略安抚使知渭州（宋代渭州，属陇西郡，管泾州、原州、仪州等三州及德顺、镇戎二军，治所在今甘肃平凉）。此时，张载作为京官外派，出任渭州签书军事判官，襄赞军务，成为蔡挺的幕僚。在西北期间，张载获得蔡挺的充分信任，事无巨细都会向他咨询。他曾说服蔡挺在大灾之年取军资数万救济灾民，并创"将兵法"，推广边防军民联合训练作战，还提出罢黜戍兵（中央军）换防、招募当地人取代等建议。在此时他还撰写了《与蔡帅边事画一》《泾原路经略司论边事状》和《经略司画一》等，展现了他的军事政治才能。

张载到陕北之时，发生了两件大事。一是夏毅宗李谅祚因伤不治而亡，幼主新立；一是清涧知县种谔诱降西夏将领嵬名山，收复了绥州。他在《与蔡帅边事画一》中，就新形势下的宋夏关系，向蔡挺提出了相关建议：第一，建议中央政府向西夏展开外交攻势，严正指出战争的主因在于西夏自立中央，分裂国家。第二，向西夏指出，种谔之所以要诱降嵬名山，收复绥州，起因是西夏先前大规模招收北宋逃亡军民作为乐官、工匠，甚至任用宋人景珣等叛国者为重要官员。第三，阶段性解决双方纠纷，首先要遣返景珣及其家属，以及所有逃亡的北宋百姓，在此基础上双方再商谈人口逃逸的防范之策。第四，谋求问题的彻底解决，是西夏遣使入朝，重新承认自己作为地方性政权的地位，确立宋夏之间的宗藩关系。第五，把北宋给西夏的岁贡（北宋自己说是岁赐）拿出一半，分别送给西夏的重臣，以达到收买人心、控制西夏的目的。他恳请蔡挺上书中央，并在本辖区内实施防治逃逸的政策。

不久，朝廷采纳了蔡挺的分化安抚之策后，西夏也作出了一些通好的反应。此时，张载进一步提出建议：首先，鉴于景珣在李谅祚死后，已经受到排挤，对于宋的危害性大大降低。如果这个时候真如传言要被遣送回来，西夏势必以嵬名山作为交换条件，那么对宋而言是个比较大的损失。因此，可以继续采取安抚策略，向西夏表示免除景氏死刑，不必遣返他本人及其家属；同时，询问景珣在国内是否还有其他亲属，全部送到西夏，使之家人团聚。这一方面向西夏表明宋朝宽大之心，另一方面或可使景珣悔悟其叛国之罪。其次，鉴于边界地区恢复和平，已经开始了小规模的民间贸易，可适当开放通商口岸，使双方百姓互通有无。这是拓土息兵、丰财制虏的大计。再次，渭州一带居住着很多少数民族百姓，他们有内附之意，但长期以来受到西夏的控制和掠夺。建议中央政府派出精干机敏之人去宣传宋的政策，引导他们归顺，再任命能臣贤将，作为都护，保护他们的安全。这样，就可以保障渭州西南一带的边疆安全了。张载认为，如果以上建议可得以实行，对西夏的兵备可以减少十之六七。

西夏当然不可能善罢甘休，所以很快就在边界集结兵力，准备再次掳掠。张载建议，一是未雨绸缪，除了坚壁清野之外，还要制定进一步的攻取之策；二是拣选有胆有识的将领，及早确定将领与所率兵种及数额，使将与兵互相熟悉，避免战时将不知兵，兵不识将；三是抓紧勘察地形，对那些可以用于伏击的山川道路、战守要害之地，做到心中有数；四是调查整理行之有效的军事训练方法，了解士兵战术特长，抓紧军事训练，提高战术素养；五是使各官员将校自愿组合，形成同谋共力的战斗团体；六是与邻近防区联络，确定战时援助、策应的将领及军队，互相支援，争取胜利；七是鼓励民间组织团练，配合军队抵御侵袭；八是鼓励武艺高强之人，不分职业，无论僧道、举人、百姓、弓箭手，只要能拉开八九斗大弓，就可以安排进入军队，或授权组织团练。

张载的建议是对范仲淹兵制改革思想的继承。当年范仲淹在陕西时，把陕西四路之兵，每路分由数将辖制，每将马军、步兵不下两三千人，各自训练。由于兵将相识相知，作战时能做到知人善任，提高了军队的战斗能力。蔡挺接受张载的建议，改革当地军制，打乱禁军原有编制，以二十五人为队，一百二十五人为阵，阵之上设将，泾原路军队分别由七将统领，进行整顿，加强训练，诸将每隔五天轮流一次带兵接受教阅，使泾原路军队的战斗力大大提高。这就是将兵法。后来，王安石变法时，将此法稍作变更，推广各地，当时各地所设的将总计有一百四十多人。各将的兵力，从三千人至一万人不等，每将设正将和副将各一人做统兵官。将兵法的实行，使将和副将有了对所部军队进行统御、训练和指挥的权力，得专其兵，初步改变了以文制武的旧制，使武将的地位有了一定的提高，也有利于宋朝军队战斗力的提高。

诤言遭贬归田农

熙宁元年（1068），张载不慎感染肺痨，只好离开军中，回家休养，讲学于武功的绿野书院。这一年，苏轼由四川老家回京，路过武功，特来拜会张载。二人讨论国政，畅谈诗词。苏轼数年前曾任凤翔签书判官，对于关中自然、社会、历史、政治、军事也非常熟悉，二人的谈论自然非常热烈。张载特撰《送苏修撰赴阙》诗四首：一是讨论土地制度问题，议论井田制、初税亩、商鞅变法等方面的议题，认为土地私有化是影响社会安定的重要原因，因此张载写道："秦弊于今未息肩，高萧从此法相沿。生无定业田疆坏，赤子存亡任自然。"二是议论治国安邦之道，张载写道："道大宁容小不同，颛愚何敢与机通。井疆师律三王事，请议成功器业中。"三是抒发关心民生疾苦，有志于匡时济世的情操——"阖辟天机未始休，袗衣胝足两何求。巍巍只为苍生事，彼美何尝与九州。""出异归同禹与颜，未分黄阁与青山。事机爽忽秋毫上，聊验天心语默间。"武功是中华文明的摇篮，有中国历史上最早的农业示范基地——后稷的教稼台，以及苏武、隋炀帝等人的墓地。张载在这里看到的是历史的深远和沉重。

在休养期间，张载开始整理思想，构建自己的理论体系。从熙宁二年与程颐的书信中，我们看到他首次比较完整地阐述了气化的宇宙论。当时，程颐在父亲程珦知汉州（今四川广汉）任所。张载在信中提出，世界是由气构成的，根本不像佛教所说的那样，是虚无，是"空"。他提出"太虚即气""虚空即气"的命题，以太虚为气存在的本然状态。有形体聚而成物，散而为太虚，都只是气的暂时形态。万物不会由无产生，气也不会变成空无。太虚就是气，世上不存在绝对的空无，不能由于气散而隐，无形可见就说虚是无。程颐在回信中赞扬张载的气论"至正而严谨"，理论合理，推理严密。同时他对张载的文字功夫提出了批评意见。他说："总体而言，您的理论追求有苦心极力之象，而无宽裕温厚之气。不少地方还没有思考明白，所以在表达上屡屡出现偏差，甚至语意不通不顺。建议您能进一步完善思想，涵泳义理，他日自当条理顺畅。"在后来的信中，张载进一步谈到天地万物作为气的产物，有天地之性和气质之性。人在后天要改变气质之性，追求天地之性。现代哲学家张岱年、冯友兰及思想家侯外庐均认为，张载是中国哲学史上气学的开山鼻祖。张载的"变化气质"之说为程颐所接受，但他多用"养气"来代替。所以，在回信《再答》中，程颐就用孟子及其"养气"论阐述了自己的观点。

也就在熙宁二年，御史中丞吕公著向宋神宗推荐张载，称赞张载学有本原，在知识分子中间颇有影响，可以做资政顾问。吕公著出身于北宋望族吕氏，是名相吕夷简之子。他与欧阳修、范仲淹都有长期交往，特别是前者几乎是他为官、治学的导师。"近朱者赤，近墨者黑"的成语典故就出自他们三人交往的佳话中。据传，欧阳修在颍州（今安徽阜阳）任知府时，年轻的吕公著在颍州做通判。有一次，范仲淹路过颍州，顺便拜访欧阳修。欧阳修热情招待，并请吕公著作陪叙话。谈话间，范仲淹对吕公著说："近朱者赤，近墨者黑，你在欧阳修身边做事，真是太好了。应当多向他请教作文写诗的技巧。"吕公著点头称是。后来，在欧阳修的言传身教下，吕公著的文学水平有了很大提高。其实，他做事做学问的特点是择善而从，在政治上则以国事为重、大公无私。这种为人处世的风格显然受到他父亲的影响。从一件事情上就能看出其父吕夷简的为人、用人之道。庆历三年（1043），吕夷简因病辞相，尽管他与范仲淹素有恩怨，仍推举后者与韩琦、文彦博一起入朝辅政，可见其胸襟。《宋史》为吕公著立传，记载他的学问、人品时说："公著自少讲学，即以治心养性为本，平居无疾言遽色，于声色纷华，泊然无所好。暑不挥扇，寒不亲火，简重清静，盖天禀然。其识虑深敏，量闳而学粹，遇事善决，苟便于国，不以私利害动其心。与人交，出于至诚，好德乐善，见士大夫以人物为意者，必问其所知与其所闻，参互考实，以达于上。每议政事，博取众善以为善，至所当守，则毅然不回夺。神宗尝言其于人材不欺，如权衡之称物。"正因如此，当他把张载推荐给宋神宗的时候，其意见受到宋神宗的格外重视。

神宗皇帝是宋代最有作为的皇帝之一，他锐意改革，任用王安石进行变法。神宗用人也不是随随便便的。他把张载召来，进行策问，也就是面试。当时，神宗询问张载对于变法的看法。张载认为，北宋积贫积弱，应该进行变法，变法的最终目标是革除弊政恶俗，恢复社会活力。神宗听了很满意，又问道：这些时代的共同特征都是士大夫无道、民心涣散，结果造成了社会秩序极度混乱。当鲁国衰落的时候，季康子为盗贼太多而忧心，孔子批评他说，如果不是你欲望太多，即便是鼓励老百姓去偷盗，他们也不会去做坏事。统治者应该使老百姓发家致富，提倡节俭，避免奢侈生活，使人们各安其分，这应当能够做到吧。现在我打算让老百姓达到孔子所说的境界，虽赏之不窃，请教先生该怎么做呢？另外，三代都是世袭制，国家为士大夫设立世袭俸禄制度，目的是奖赏有功者、尊显有德者，使他的后人也能够记住祖先的荣耀，为国家作出更大的贡献，而近世以来公卿子孙已经与布衣平民无异，以文章博取功名，把才能卖给政府，为的是捞取钱财，这是一种怎样的价值观啊？张载对答：士风败坏是有原因的，从历史上说，则是秦国实行招募客卿制度，破坏井田制度，使儒者丧失了安身立命的根本，生活失去保障，变成追名逐利之徒。久而久之，就忘记了士人的本分与社会责任，也不知维护祖先的荣誉。为今之计，应借鉴历史上三王变法的思想，改革弊政，并用这种思想来教导天下读书人，扩大改革的群众基础。

所谓三王之道，即指夏、商、周三代的治国手段。《史记·高祖本纪》中有言："夏之政忠。忠之弊，小人以野，故殷人承之以敬。敬之弊，小人以鬼，故周人承之以文。文之弊，小人以僿，故救僿莫若以忠。三王之道若循环，终而复始。"意思是，夏朝的政治以忠厚为主，忠厚的弊端，是使老百姓粗野无礼，所以殷朝用恭敬来承续夏政。恭敬的弊端，是使老百姓迷信鬼神，所以周朝用礼仪来承续殷政。礼仪的弊端，是使老百姓讲究文饰、人心虚伪，所以解救虚伪的弊端莫若奉行忠厚。三王的治国之道就像是循环往复，终而复始。从宋初石介（1005—1045）作《汉论》，提出"三代之道"，李觏（1009—1059）著《周礼致太平论》，设计出改制方案，到范仲淹等人庆历新政，王安石为"复三代"而变法，张载、二程等人"慨然有志于三代之治"，都表达了宋朝士大夫阶层要"超越汉唐"，推进社会历史向前迈进的雄心。在他们"托古改制"的形式里，张扬着积极进取的可贵精神。

神宗听了张载的答辩非常高兴，说："你先到二府（中书省、枢密院）做些事，以后我还要重用你。"张载认为自己刚调入京都，对朝廷、王安石变法了解甚少，请求等一段时间再作计议，后被任命为崇文院校书。

当时王安石实行变法，在军事改革上主要是延续了范仲淹、蔡挺、张载的改革思想，因此他很想得到张载的支持。有一天见到张载，王安石对他说："朝廷正要推行新法，这非我一人之力能胜任的，想请你帮忙，你愿意吗？"张载回答："中央要大规模实行变法，天下士人都拥护这个决定，积极参与，如果当政者能够与人为善，哪能有不尽心尽力的呢？但如果强制行为太多，则勉为其难了。"他对变法本来没有意见，但是又确实不赞同变法的激进做法，所以才有这样一番言论。因为政见不合，张载拟辞去崇文院校书职务，但王安石还是对这批曾经得到范仲淹亲炙的人物抱有期待，认为他们起码是支持变法而不反对变法的，所以没有批准张载的辞职。不久，张载被派往浙东明州（今浙江宁波）审理苗振贪污案。有人就此提出不同意见，认为张载这个人主张道德原则，不适合审理刑事案件。王安石仍然坚持要张载前往，具体目的现在已经难以考论，但对张载抱有希望是可以肯定的。然而对于张载来说，离开汴梁，恰好是远离王安石的一个机会，可以含蓄地拒绝参与新政。在案件办毕回朝的时候，恰好其弟监察御史张戬反对王安石变法，与王安石发生激烈冲突，被贬公安县（今湖北江陵），张载估计自己要受到株连，就辞官了。此时程颢也在京为官，上书《论遣张载按狱》，抗议朝廷对张载的不适当任免。

张载与王安石的冲突，集中反映了士大夫阶层价值观的破碎状态，暴露了士大夫阶层中理想主义和功利主义的冲突。张载高扬道德理想主义，强调道义原则，关注社会民生，主张渐进的政治改革，而王安石在思想倾向上有浓厚的功利主义色彩，以改善政府财政为第一要务，改善民生被推后到第二目的，且在推行改革时是以官方的身份，利用政权的力量，具有强烈的激进主义作风。张载提出，政府施政的根本原则是"利于民则为利，利于身利于国皆非利也"，要求统治者要一心为百姓造福，勇敢地继承了孟子的民本思想。在《答范巽之书》中，他说：朝廷把道学和政术截然二分，在变法中较少注意到道德原则，而过分注重政治手段，表现出强烈的功利主义目的，这很让人担忧。采取强硬手段，把不符合人民愿望的政策措施推行于天下，这符合王道的精神吗？王道精神的核心是推"父母之心"于百姓。要审视一个政府是否在实行王道，要察其言而观其行，不要听他的宣传，关键是要看他是否真正做到亲民——"视四海之民如己之子"。假如一个政府能做到这一点，在施政过程中就不会像秦汉那样刻薄少恩，手段酷烈。根据这种思想，后来张载在《西铭》中创新性地提出了"民吾同胞，物为与也"的思想，要求建立"大君者，吾父母宗，其大臣宗子之家相也，尊高年所以长其长，慈孤弱所以幼吾幼"的和谐博爱社会。

从王安石变法的整个过程来看，变法初期，王安石与司马光、吕公著、二程、二苏、张载等这些后来的保守派均有良好的关系，他们也都支持变法，王安石也对他们委以重任。但是随着变法的推行，在变法发生严重矛盾时，王安石却没有调和矛盾，而是采取调离、归隐、降职、排挤打击的手段，最后弄到谁支持变法就重用谁，致使许多投机分子混入变法队伍。王安石对朋友的多言相劝也置若罔闻。如程颢、苏辙等人看到变法实施太快，急于求成，反对的人越来越多，劝王安石不可太逆人情，暂缓一些激烈做法，但王安石不肯，而且独排众议，行之甚力，致使双方在政治上分道扬镳。第二年程颢就写了两篇《谏新法疏》表示反对新法，有一次还直接冲入中书省，与王安石理论。苏辙也给王安石写信表示反对青苗法的实施。到最后王安石的弟弟王安国、王安礼也反对新法，王安国对神宗皇帝说：我哥哥推行新法有两大缺点，"恨知人不明，聚敛太急耳"。张载也在给范育的书信中含蓄地指出，变法到了关键时刻，任用的很多变法官员其实都别有用心，将会给变法的成败投下变数，朝廷应该注意选用良士。可以看出，王安国和张载都在暗指王安石选用吕惠卿、陈升之这些激进人物是严重错误的。最后，王安石本人果如其言，被吕、陈等人诬陷进谗，不得不悄然下台。为了变法，却听不进意见，结果得罪了臣僚、同事、朋友和兄弟，最后落了个退隐的结局，是非常遗憾的。

现在很多关于王安石变法的研究，以王安石为变法派，而把司马光、张载等人笼统地划为保守反对派。这种处理过于简单，没有进行具体分析。尽管张载并不赞成王安石的某些做法，但基本上还是维护变法的，因为在改革土地制度、军事制度、维护民生等方面，他们二人有很多一致之处。因此，在对待变法问题上，他既没有像程颢那样板起面孔以理训人，甚至咄咄逼人，打上门去，也没有像苏轼那样写一百一十余首讥讽诗，挖苦变法者，而是保持沉默，选择低调或者等待。即便是在王安石退隐南京研究佛教之后，他回到横渠，还要亲率弟子买田数方，继续试办他的井田。在这一点上，他比王安石更自信，更执着，更令人敬佩。

第 3 章

关 学 宗 师

忘身忧修学乐道

张载在政治上失意后并没有像司马光、程颢等人聚居于洛阳，而是于熙宁三年（1070）回到了眉县横渠镇。据他的弟子吕大临回忆，张载回来后，依靠家中数百亩地，生活简朴，维持着基本生计。在一首诗中，他这样写道："土床烟足䌷衾暖，瓦釜泉干豆粥新。万事不思温饱外，漫然清世一闲人。"这里大有当年颜回身居陋巷，一箪食，一瓢饮，在生活的简陋与困苦中苦学不辍、乐而忘忧的精神。

话是这样说，但这个时期思想家的内心是复杂、痛苦而孤独的。他谈到作为一个普通人对于贫困的看法："人多言安于贫贱，其实只是计穷力屈，才短不能营画耳，若稍动得，恐未肯安之。"即一般人说安于贫贱，只不过是无能者的自慰之词罢了。心情之痛苦在于，兄弟二人都被迫离开权力中心，这种政治上的失意自不待言。他时刻也没有放弃明主见召的梦想，希望自己"如诸葛孔明在南阳，便逢先主相召入蜀，居了许多时日，作得许多功业"。他在心理上也是孤单的，横渠还是个地理偏僻、文化落后的地方，自己在学问上也没有同道朋友。有时候他想念洛阳城里的邵雍、程颢、程颐等人，回想他们聚会的场面，猜想着他们此刻正在欢快地畅谈，不免感慨自己的孤独。于是，在与邵雍的书信中，他写下了《诗上尧夫先生兼寄伯淳正叔》，描述自己的近况和心境："先生高卧洛城中，洛邑簪缨幸所同。顾我七年清渭上，并游无侣又春风。"

但是，思想家并没有在痛苦和孤独中沉沦下去，"人不堪其忧，而先生处之益安"。他自强不息，利用这一段安逸的时间著书立说，研究义理。学生们经常看到他终日坐于书房中，时而埋头读书，时而仰头思索，时而奋笔疾书。思想者的大脑，即便在睡眠时也难有一刻休息，问题常常在梦中闪现出新的思路或答案。他经常会在半夜披衣而起，秉烛而书。思考严重影响了他的休息，所以他在日记中提醒自己，最近一段时间老是失眠，思虑要简省，思考多了使人头昏脑涨，昏昏欲睡，半夜里不仅失眠，还会在睡梦中惊醒。饱受生理、精神上的种种折磨的张载写下了大量著作，对自己一生的学术成就进行了总结。

沉静下来的张载，真正有了登堂入室的感觉。他对这一时期的学问境界是这样说的："某学来三十年，自来作文字说义理无限，其有是者皆只是亿则屡中。譬之穿窬之盗，将窃取室中之物而未知物之所藏处，或探知于外人，或隔墙听人之言，终不能自到，说得皆未是实。观古人之书，如探知于外人，闻朋友之论，如闻隔墙之言，皆未得其门而入，不见宗庙之美，室家之好。比岁方似入至其中，知其中是美是善，不肯复出，天下之议论莫能易此。譬如既凿一穴已有见，又若既至其中却无烛，未能尽室中之有，须索移动方有所见。言移动者，谓逐事要思，譬之昏者观一物必贮目于一，不如明者举目皆见。此某不敢自欺，亦不敢自谦，所言皆实事。学者又譬之知有物而不肯舍去者有之，以为难入不济事而去者有之。"他又说，"某向时谩说以为已成，今观之全未也，然而得一门庭，知圣人可以学而至。更自期一年如何，今且专与圣人之言为学，闲书未用阅，阅闲书者盖不知学之不足"。这些自白说明张载思想已经进入了成熟期。

晚年在家乡披肝沥胆数载，张载最终形成了以《易》为宗，以《中庸》为体，以《礼》为用，以孔、孟为法的完整体系。在"气本论"的基础上，他进一步提出了"民胞物与"的社会理想，这是儒家社会理想的新进展，在中国近世社会的思想界及宗族社会建设等方面发挥了重要影响。张载思想成熟的标志是《正蒙》一书的完成。

熙宁九年（1076），张载做了一个很奇怪的梦，具体内容不得而知。有感于梦境奇异，他写信把弟子们招到身边，向他们展示了《正蒙》一书的内容。他对学生说，这些是我多年思考的结果，思想与孔孟之道相契合，希望你们能认真体会其中的思想，并予以发展，为儒家思想体系的建构尽一份力。从他这只言片语之中可以猜测到，他所做的梦大概类似于孔子的周公之梦。孔子一生多次在梦中与周公相见，也一生以恢复周礼为己任。张载大概是梦见孔子了吧。孔子使张载确实有非常大的心理压力。他曾自道：我家中有孔子画像一幅，打算放在左右墙壁上，结果发现，不管我如何行礼，坐着、烧香、跪拜，总能感觉到孔子他老人家如炬的目光在紧紧地盯着我，让我无地自容。最后我只好把画像卷起来，藏起来，一刻不忘地遵循孔子之道。正因为如此，张载才会大力推行古代礼仪，当被人讥笑迂腐的时候，他也丝毫不敢懈怠。当他的母亲去世的时候，他选择守丧一年，哪怕是很担心别人耻笑，还是硬生生地坚持了下来。

他的梦境也可能与其弟张戬有关。这一年三月，因反对王安石的变法而被连续降职，最后被贬为凤翔府司竹监的张戬，患急病而亡，时年四十七岁。张载悲不欲生，为其弟写了墓志铭，曰："哀乎吾弟，而今而后，战兢免去！有宋太常博士张天祺，以熙宁九年三月丙辰朔暴疾不禄，越是月哉生魄，越翌日壬申，归袝大振社先大夫之茔。其兄载以报葬不得请铭他人，手疏哀词十二，各使刊石置圹中，示后人知德者。"手足情深自不待言，而这句中所说的"生魄"二字是否隐藏着什么秘密呢？唐朝的韩偓在《惆怅》一诗中云："身情长在暗相随，生魄随君君岂知。"古人相信，人具有魂魄，特别是暴卒之人往往魂魄不散，而那些抱负远大、心情压抑的贤人，更是魂魄长留人间。张戬性格刚直，去世时满腹忧虑，远大抱负没有实现，又是急病而死，这些情况符合魂魄不散的条件。张载在梦中梦见的难道是他的弟弟吗？张载从小与弟弟相依为命，且对他是那样赞赏："吾弟德性之美，吾有所不如。其不自假而勇于不屈，在孔门之列，宜与子夏后先，晚而讲，学而达"，"吾弟全器也"。现在政治失意，暴病而卒，张载难免会哀伤过度，与其弟在梦中相见。此时，他疴疾渐深，思虑时日无多，宏图未展，也难免会在梦中与其弟的对话中有所表露。

创关学倡道关中

除了著书立说之外，张载还创立书院，收徒讲学，教育弟子。他以"知礼成性，变化气质"为教育宗旨，以《论语》《孟子》《中庸》《周易》《老子》为主要教学内容，同时注意研究自然科学和社会实际问题，传授兵法、天文、医学等方面的知识，并亲自带领学生进行恢复古礼和井田制两项实践。为了启发学生，他作《砭愚》《订顽》训辞（《东铭》《西铭》），悬于书院之内。张载对推行井田用力最多，他曾把自己撰写的《井田议》上奏皇帝，并与学生们买地一块，按照《周礼》的模式，划分为公田、私田等分给无地、少地的农民，并疏通东西二渠，"验之一乡"，以证明井田制的可行性和有效性。今横渠镇崖下村、扶风午井镇、长安子午镇仍保存着遗迹，至今这一带还流传着"横渠八水验井田"的故事。

他在关中讲学时期，门生云集，影响很广。"当令洙泗风，郁郁满秦川"，反映了当时张载开创的关学这一学术群体的规模和影响。不过，由于历史上流传下来的资料很少，张载的学生和从学者在历史记载中人数不多。据《宋元学案》和张骥的《关学宗传》记载，当时著名的弟子有吕大忠、吕大钧、吕大临三兄弟，还有苏炳、范育、薛昌朝等，受学于张载的则有种师道、游师雄、潘拯、李复、田腴、邵彦明等。

由于张载不是名公巨卿，也没有政治势力，所以刚开始"倡道于关中，寂寥无有和者"，没有多少人跟他学习，尚未形成关学学派。这就难怪他自叹成天温饱而已，向邵雍、二程抱怨自己的孤独。但是，一个很关键的人物扮演了号召者的角色，他就是吕大钧。蓝田吕氏兄弟五人登科及第，是闻名遐迩的名门望族。吕大钧本和张载是同年进士，曾授秦州司理参军、三原县知县等职，后来以"道未明、学未优"为由，退出官场，家居讲学，教育人才。此外，吕家与张家有师生、姻亲关系。吕大钧的弟弟吕大临早年曾经跟从张载学习。据说他"学通六经，尤邃于《礼》，每欲掇习三代遗文旧制，令可行，不为空言以拂世骇俗"，立志要成为如孔子弟子颜回那样的儒家人物。所以张载的弟弟张戬把女儿嫁给了他，并高兴地说："吾得颜回婿也。"由于这层关系，吕大钧在隐居期间与张载多有交往，对张载的思想、学说非常佩服，自愿成为张载的学生。吕氏兄弟的加入至关重要，为"关学"发展奠定了政治和经济基础，使"关学"与二程洛学、王安石新学形成鼎立之势。而吕大钧本人后来则根据张载的思想创作了《吕氏乡约》《乡仪》等农村社会组织制度，体现了关学"以礼为先"的思想，是关学关于礼教方面的重要著作。

"关学"是儒学史上承前启后的一个重要学派。明代著名学者王阳明曾说："关中自古多豪杰，其忠信沉毅之质，明达英伟之器，四方之士，吾见亦多矣，未有如关中之盛者也。"张载的关学思想有十分鲜明的特点：一是以"气"为本，一方面强调气是世界的本原，另一方面提倡做人要有"气节"；二是以"礼"为教，主张通过恢复传统的礼仪制度来改变当时的社会风气，建立有礼有序的礼制社会，这是后来关中学者为人处世的基本准则；三是注重实践，主张经世致用。张载一生倡导把学术研究与解决当时社会现实问题结合起来，通过这种手段，以调整各个社会阶层的利益冲突，这是关中学派一贯奉行的实学作风。

会二程西归病逝

熙宁九年（1076）十月，王安石再次罢相，秦凤路（今甘肃天水）守帅吕大防以"张载之学，善法圣人之遗意，其术略可措之以复古"为由，上奏神宗召张载回京任职。此时张载的身体很虚弱，肺病很厉害，但他说："这次召我回京，不能因病推辞，应借此机会施行我的政治理想和主张。"因此，他带着施展才华的梦想，带着实现孔孟之道的夙愿，不顾年老体衰，再次东出潼关。跟他一起走的，有他的学生兼助手苏炳和外甥宋京。

进京后，神宗让他担任同知太常职务（礼部副职）。当时有人向朝廷建议实行婚冠丧祭之礼，下诏礼官执行，但礼官安习故常，认为古今习俗不同，古礼过于烦琐，难以在当时实行。只有张载认为可行，并指出反对者的做法"非儒生博士所宜"。由于意见分歧，议而不决，张载自感处境十分孤立，加之病重，不久便辞职西归。路过洛阳的时候，他专门拜访了二程，与他们论学，苏炳记录了三人的发言，题名《洛阳议论》。

三人见面，不免回忆起官场旧事和故人，如谈到司马光在被贬后能够安于现状，还谈到已经去世的邵雍。三人也议论时政。当时安南发生叛乱，朝廷拜郭逵为安南道行营马步军都总管经略招讨使，兼荆湖南北路、广南东西路宣抚使，前往征讨。初期进展顺利，但是由于郭逵指挥失当，冒着炎热进入瘴疬之地，致使三十万大军伤亡逾半数，军粮也尽，虽一水之隔不能再进，乃班师回朝。程颐对张载说起这些事，对郭逵的品行很是批评一番，指出他得拜招讨使的时候，就已经忘乎所以，忙着购买韩王府第。张载说，他怎么能跟范仲淹相比呢，当年有人劝范仲淹在洛阳养老，购买绿野堂，范仲淹终是不肯，却拿出钱来置办了范氏义庄，福泽后人。对此三人感叹不已，所谓人心不古，做人都没有了廉耻。

当然，学者会面讨论的重点仍然在学问上，他们讨论的话题大体分为三个方面。一是关于井田制问题。张载认为，贫富分化严重，已经成为严重的社会问题，实行井田制，做到耕者有其田，是一个根本的解决方案，"必先正经界，经界不正，则法终不定"。二程赞成以井田制均平赋税负担，认为"井田今取民田使贫富均，则愿者众，不愿者寡"，但仍有疑虑，担心地主们会激烈反抗。张载则自言，他的井田论还只是个想法，离正式实施有着相当的距离，希望后世能有人来取法。二是关于穷理尽性问题。二程认为，"穷理尽性以至于命"都是一回事，不需要分几个过程，由主敬而尽性，由尽性而知命，通过内省体察，便能顿悟得到天理。张载则认为，这样"失于太快"，知识积累要有一个渐变的准备过程，由穷理而尽人性，尽人性而尽万物之性，最后一齐"尽得"，这样才能达到知天道，认识天理。三是关于礼教问题。他们都主张礼仪应该符合时代的要求，比如婚礼是否应该结发的问题。程颐认为这没有道理，应该革去，张载表示赞同。张载教人注重以礼为先，注重实用，不为二程认同。程颐说，礼的东西太多，人们的生活就不自在了。张载则说："关中学者，用礼渐成俗。"程颐认为，这是特殊现象，是因为"关中人刚劲敢为"，洛阳可能不行。张载则指出，实行礼要有模范带头才行，关中地区之所以能取得成效，是因为有吕氏兄弟，特别是吕大钧的贡献颇多；同时，与关中士人能够敦厚健行也很有关系。

这场学术的盛宴很快就结束了。张载因身体原因，惦记着西归。二程很担心他的身体，请他在洛阳休养，但张载没有应允。张载对他们恋恋不舍，评价二人道："过去我曾经说程颢比程颐优秀，现在看来仍然如此。不只是救世之志甚为诚切，对于当今时政、天下之事也了然于胸。"

在西行路上，张载病情恶化。于农历十二月行至临潼，当晚住在馆舍，沐浴就寝，翌日晨与世长辞，享年五十八岁。临终时只有外甥宋京在身边，且清贫无资，无以为殓。直到他在长安的学生赶来，才得以买棺成殓，并将遗体运送回家。翰林院学士许诠等奏明朝廷，乞加赠恤。神宗下诏按崇文院三馆之职，指令政府承担丧事的一半费用，以表优恤。元丰元年（1078）三月，张载葬于横渠大振谷其父张迪墓南，与弟张戬墓左右相对。嘉定十三年（1220），南宋赐谥明公，淳祐元年（1241）赐封郿伯，从祀孔庙。明世宗嘉靖九年（1530），改称先儒张子。

传关学痛其寥寥

张载去世之后，吕氏兄弟、苏炳、范育等归从洛学，游师雄、种师道等人投笔从戎，只有李复、田腴、邵彦明、张舜民等少数学者还坚持在关中教学，但查考史籍，均无门人后学。历史上探讨关学中断之原因的人很多。如王夫之指出："张子就学于关中，其门人未有殆庶者。而当时巨公耆儒，如富、文、司马诸公，张子皆以素位隐居而未相为羽翼。是以其道之行，曾不得与邵康节之数学相与颉颃，而世之信从者寡，故道之诚然者不著。"由此可见，张载的关学学派在与其他学派的竞争中始终处于下风。首先是创立时间较短，门人弟子尚未成器，张载就去世了。第二，横渠个性不喜欢攀缘，虽然与当朝公卿权贵如司马光、文彦博和富弼等均认识，但并非深交至交，缺乏密切互动，归隐后甚至几乎没有与之交往，就使关学失去了政治上的扶持，难与别的学派相抗衡。所以侯外庐先生在其主编的《中国思想通史》中指出："北宋时期陕西地方的关学，以张载为核心，形成了一个重要的学派…关学当时与洛学、蜀学相鼎峙，但北宋亡后，关学就渐归衰熄。"清初另一大儒全祖望则认为："关学之盛，不下洛学，而其传何其寥寥？亦由完颜之乱，儒术并为之中绝乎?"这是把关学的中断归咎于北宋末年的宋金民族战争。北宋末年，金兵袭扰，关中地区屡遭战火，文人儒士非死即逃，李复等人也死于金兵之手，关学的传延从此中断了。现代学者龚杰则认为，上述分析都忽略了张载思想自身的原因，即他的思想本身所孕育的反理学、非理学的因素导致了关学学派的分化与解体。

关学最后消失的原因还有继续探索的必要。这里面还有两个原因是值得注意的。首先，张载的求学历程为他的学生树立了遍学百家的榜样。张载既没有师承，也没有门户之见，即便是关学这个称号还是南宋时期朱熹给加上去的，所以他是鼓励学生向各家学习的。其次，张载的思想与当时很多思想家的思想有共通性或近似之处，这也是他的学生乐于向其他人继续学习的重要原因。比如，张载与周敦颐在太极、中道、理欲、虚静、仁义、公明、诚、圣等理论或学说上，都有相近、相通、相同之处。张载与二程在理论方面更是长期交往，达到了你中有我、我中有你的程度。张载去世后，程颢特意作诗以纪念："叹息斯文约共修，如何夫子便长休! 东山无复苍生望，西土谁供后学求! 千古声名联棣萼，二年零落去山丘。寝门恸哭知何限，岂独交亲念旧游!"意思是说：当年大家结伴同游于儒学的园林，共修圣人的斯文，为什么天不我予，让你这么早就去了呢? 你的离去，我是如此悲伤，仿佛万物失去了生存下去的希望，可怜我关中弟子以后再向谁去学习呢？我不停地为这事而涕泣，经常回味起咱们在一起的一幕幕场景。从这首情深意切、哀婉之至的诗中，我们可以看出张载与程颢兄弟的私交之深，可以看出他们的学术交流之密切，可以看到程颢希望能够承担起张载留下的重任，包括要收留他的学生，为关中培养出新的人才。

张载与二程在思想上的共同特征，早已被南宋的朱熹、真德秀等人点破了。真德秀曾经说过，"张子有言，'为学大益，在自求变化气质，此者所谓"善反之"者也。程子亦曰，学至气质变，方是有功'，亦是张子之意"。其实，就人性论而言，张载和二程都把人性划分为"天地之性""气质之性"，承认天地之性寓于气质之性当中，并把变化气质作为恢复人性的途径。所以，在人性论上他们是有共同语言的，而在其他很多方面也有类似的情况。这种类似的东西是如此之多，后来一些弟子在张载去世后甚至发生了严重的误解，以为张载是向二程学习得来的，因为二程看起来是那么有名，理论体系是那么严整。其中一个著名的例子发生于吕大临身上。他作为张载的学生，后来就学于程颐，在《横渠先生行状》中提出张载之学得自二程的说法，被程颐断然纠正了。从这里我们也可以看到，张载与二程思想上的相通、相近性。

关学在南宋、元代不昌，到了明代，开始有很多人自称关学学者，其实基本上都是心学或理学的关中籍学者而已。真正继承张载思想的是明末清初湖南衡阳的王夫之。他在《张子正蒙注·序论》中说："张子之学上承孔、孟之志，下救来兹之失，如皎日丽天，无幽不烛，圣人复起，未有能易焉者也。"又说："往圣之传，非张子其孰与归？呜呼，孟子之功，不在禹下；张子之功，又岂非疏泽水之歧流，引万派而归墟，使斯人去昏垫而履平康之坦道哉！是匠者之绳墨也，射者之彀率也。"他公然以道学正统归于张载，很像朱熹以道统归于二程那样。他一生以继承和发展张载思想宗旨为职志，临终时在自题墓石上写着"希张横渠之正学而力不能企"，足见其向往之深。有哲学研究者认为，王夫之不仅继承了张载的唯物主义思想，而且做了进一步的发挥，将朴素唯物辩证法的理论推到了最高峰。与张载相比，王夫之将朴素唯物主义与辩证法结合得更精密、更系统、更自觉。就探讨哲学的范畴说，如理气、道器、心物、太极、阴阳等，与程、朱、陆、王研究的范畴是一样的，但在解释上却是程、朱、陆、王的颠倒。他清算了宋明理学唯心主义的谬误，维护了张载朴素唯物主义的权威。就社会政治思想而言，张载曾提倡井田制以解决土地不均问题，王夫之则鲜明地提出平均地权的主张。张载提出了"民胞物与"的思想，王夫之更在此基础上提出"循天下之公""不以天下私一人"的思想。对封建专制的世袭君权制有所否定。张载主张"学致有用"，王夫之也重实际、重实践，痛斥程、朱、陆、王理学空谈性理的谬误。在有关关学、洛学的讨论中，王夫之坚定地支持张载的学说。嵇文甫说："船山每于横渠和程朱有歧异的地方，常是站在横渠方面。他特别能指出横渠的独到处。"

张载的思想传播不止于只有几个传人而已，正如《关学编》的作者、明代关中大儒冯从吾所说的"余不肖，私淑有日"，很多人都从张载的思想中汲取着营养。20世纪90年代以来，关于张载的研究不断涌现。很多人认为，张载高扬儒家人文主义精神，在《西铭》中为儒家的宗教理解建构了一个终极关怀体系，为中国人建立了一个精神家园。还有观点指出，张载思想在现代化的过程中具有重要意义，其社会价值在于反对凌虚驾空、匡正时弊，提倡求实、务实、踏实、实干之风，可以为净化人们的心灵、创建中国社会主义新文化、推进社会主义现代化作出实际贡献。

第 4 章

以《易》为宗

张载的理学思想体系是在易学研究的基础上建立起来的。《宋史·张载传》说他的学问"以《易》为宗",可谓一语中的。明末清初大哲学家王夫之对张载易学极为推崇,他在《张子正蒙注》中说:"盖张子之学,得之《易》者深","张子言无非《易》,立天、立地、立人,反经研几,精义存神,以纲维三才,贞生而安死,则往圣之传,非张子其孰与归"。这是符合张载的思想历程和特征的。张载选择了标志先秦儒家世界观建立的《易传》,这对他能够超拔汉唐儒学的新体系产生了重大的影响。正是在《易》理中,张载找到了既能恢复孔、孟固有传统,又能超越汉唐儒学的一些关于宇宙、人生的根本观念,从而改变了秦汉以来儒学

"知人而不知天，求为贤人而不求为圣人"，缺乏超越意识之"大弊"，使天人合一的儒学新体系得以建立。吕大临在《横渠先生行状》中概括了张载的理论创见，说"其自得之者，穷神化，一天人，立大本，斥异学"，张载立气为本、合一天人，反经研几，力辟佛老，这些大都是在深研《易》过程中获得的。

张载早年在洛阳讲学期间就以《易》知名，并著有阐发《周易》经传的《易说》，后期则著有《正蒙》一书，这是张载一生思想言论的精华。《正蒙》虽然并不专说《易》，但也是以阐述《周易》原理为主。由于《易说》是张载思想的起点，《正蒙》又对《易说》观点作了补充与发挥，代表张载最后定型的思想，所以研究他的学说，应注意从《易说》到《正蒙》学说观点的发展过程，才能得到完整内容。

《易》理推演立气本

张载对《易经》的兴趣与他年轻时关心军事有很大的关系。《易经》是一部卜筮之书，诞生于殷末周初，其内容极为丰富，涉及面极广，记录了上古社会生活、军事征战的宝贵资料。宋代王应麟在《困学纪闻》中说，"盖《易》之为书，兵法尽备"。中国历史上的大谋略家、军事家，如孙武、孙膑、张良、韩信、诸葛亮、李靖、刘伯温等，都精通《易》理,善于"以《易》演兵"。至今广为传颂的《三十六计》一书，最大特点是每计的解语都引《易》理为据，是"以《易》演兵""以《易》推谋"的范例。所以，中国兵学的文化根源在《易经》，兵家思想都脱胎于《易经》，谋略思维也是以《易》理"作基础。这也就难怪青年时期的张载对《易经》多有留意了。

《易经》的"易"字，包含简易、变易、不易三种含义，意思是用最扼要的准则去体察人世间纷杂变易的事理；同时在时空的激变中，要追求稳定的力量和不变的规律。易学哲理的精华是建构了阴阳辩证的二元世界观，揭示出世间一切价值都是两两相对，却又互相依存，说明矛盾的状态既表现为对立与排斥、分化与斗争，也表现为矛盾双方的互含、互引、互寓，强调通过系统协调，达到整体的均势与平衡。这套原理在民间生活中不断扩展到各个领域，催生了东方式的整体思维，构成了中国文化的骨架。从思想史的传统上来讲，无论是儒家也好，佛教、道教也罢，都对《易经》这部书非常尊崇，视为圣经。相传孔子曾经问《易》于老子，学习《易经》达到了"韦编三绝"的程度。从民俗学的角度考察，古代所谓"日者""望气者"，就是算命、卜卦的人，大多借由《易经》提供的占卜模式来操作。民间对《易经》

的应用更是比比皆是，如中国传统的家训，总教人要达观，否极泰来；罗贯中在《三国演义》一开头就说："天下大势，分久必合，合久必分。"用分合循环、泰否往来的眼光来看人生、察事理，广为大众接受。所以，自春秋战国以来，三教九流、普通百姓都接受了《易经》的熏陶，不懂《易经》就不可能理解中国的文化体系。张载要"为天地立心，为生民立命，为往圣继绝学"，怎么可能不关注《易经》呢？更何况他的老师范仲淹就是一位易学大师。

《宋史·范仲淹传》称，范仲淹"泛通'六经'，尤长于《易》"。范仲淹也自称："忘忧曾扣《易》，思古即援琴。"这是他毕生的嗜好。他的易学研究，不拘泥于汉唐旧注，完全摒弃了象数派的荒诞神秘色彩，开创了宋代儒家义理派说《易》的先河。他在这方面的著作有《易义》《易兼三材赋》《穷神知化赋》等。李觏、欧阳修、胡瑗、张载、程颐、司马光、苏轼等人均不同程度受到范仲淹的影响，其中尤以张载和胡瑗的易说为著。在《易义》这部著作中，他解析了二十七卦的卦义，在释义中还另外涉及八个卦辞，却不解释爻辞。无独有偶，石介《周易解义》、欧阳修《易童子问》、程颐《伊川易传》等，都只解六十四卦而不解爻辞。这显然是受到范仲淹的影响。个中原因，或许正如欧阳修所言，卦是为中等以上智力的人设立的，目标是服务于圣人、君子；爻占吉凶，君子、小人都可以利用，但基本是为中等以下智力的人设立的，因此不屑一顾。范仲淹把易学研究成果应用到了政治生活之中。他不仅根据《易经》中"穷则变，变则通，通则久"的原理提出了政治改革的必要性和重要性，而且在谈改革的文章和奏疏中，几乎都要引《易》以为据，始终以《易经》作为改革的理论武器。这些方面也对张载有影响。

张载在很多方面发展了范仲淹的易学思想。他的学术"以《易》为宗，以《中庸》为体，以孔、孟为法"，和范仲淹宗经、重《易》《庸》的学术路径毫无二致，而张载的这一学术取向也正是由范的教导而入门的。张载哲学思想的核心是气本论，或称气一元论，并以太极、太和作为道体概念，而气、太极、太和这些范畴早已为范仲淹所讨论。范仲淹在《易兼三材赋》中将天地人三材（自然与社会）之道及各个层面整合为一个统一的整体，体现了人类与自然界的和谐。为此，他首次提出了太和这一哲学范畴，用于描绘天道。他说："保合太和，纯粹之源显著；首出庶物，高明之象昭宣，此立天之道也。"这里用"太和"说明天道作为万事万物的本原所应具有的特性，由此出发，范仲淹发展了儒家的天人合一理论。"太和"一词出于《易·乾·象》，本义是指天人整合的和谐，保此太和，才能各正性命而利贞。

张载承接范仲淹的思路，以"太和"表述天人和谐状态，又以"太极"指称天人合一的道体，构成一物两体的气一元论，替"为天地立心"说找到了理论依据和价值的人文意义，完成了理论上的突破。范仲淹在《穷神知化赋》里论述了体用、阴阳、动静、盈虚等对立统一关系，认为无论自然界还是人类社会，均处于运动变化之中，其内部对立统一的两方面相互作用是导致运动变化的源泉。这种孕育着唯物辩证法的理性思维被张载继承下来。他在晚年所撰的《正蒙》中从理论上阐明了这一思想，并进一步丰富和发展成为气一元论的唯物论和发展变化的辩证法。

阴阳变化廓太虚

继承范仲淹以义理来解《易》的传统，张载推演《易》理的主要资料是《易传》，所谓"观《易》必由《系辞》"。《易经》本来是决悬疑、断吉凶的卜筮之书，但是后世的义理派易家，或崇尚理性的思想家，大都置而不论。这种做法可以上推到《易传》的作者和孔子。《易传》说："《易》有圣人之道四焉：以言者尚其辞，以动者尚其变，以制器者尚其象，以卜筮者尚其占。"意思是说，圣人关注《易》的四方面用途：要善于言谈的，爱研究《易》的辞藻；要采取重大行动的，爱研究《易》的穷通之变；要生产器皿的，爱研究《易》的卦象；要卜筮（测算）的，爱研究易的占法。可见，从春秋以后占筮就并不是《易经》的全部。从孔子开始，《易经》在中国儒家文化中被用于教化。孔子晚年读《易》，并非要学占卜之术，因为"子不语乱力怪神"。他把着重点放在《易》理的解析上，注重《易》的教化功能。正如朱熹说的，是"以义理为教而不专于卜筮也"。后来荀子更将孔子的这一思想发扬光大为"善《易》者不占"。张载从范仲淹处继承了理性的传统，对《易经》进行了彻底的理性化处理。在他看来，《易经》中卦与爻的变动过程中所呈现的征兆，不过是先贤经过深思熟虑建构起来的事物发展模型，用以揭示事物发展变化的规律。这就是他说的："天下之理既已思尽，因《易》之三百八十四爻变动，以寓之人事告人，则当如何时、如何事、如何则吉、如何则凶，宜动宜静，丁宁以为告戒，所以因贰以济民行也。"因此，《易经》虽有决玄疑、断吉凶及预知未来的作用，不过这种作用并不是通过占筮，由神灵处得来的预言，而是通过先贤发现的卦爻变动模型把人事变化的普遍规律和经验等信息透露给占筮者的。张载研究《易经》的第二个方法是以象显义。他主张，懂得卦义是学《易》的终极目标，但义理存在卦象之中，所以要明义就离不开象，而要知象，就须从卦爻辞下手。在这一点上，他与程颐"由辞得意，象在其中"的观点不同。

在研究《易经》、阐发《易》理的基础上，张载跳脱王弼、孔颖达以来的玄学易系统，发挥以阴阳二气解《易》的观点，完成了气一元论的思想体系。他的基本观点是，宇宙以气为本体，"气"有凝聚和消散两种存在形式：聚则成为宇宙间的万物，透过光色（明）显现物的形体，使人看见；散则是另一种存在，无光无色，故人看不见。因此，看得见之物则为"明"，看不见之物则为"幽"，但"幽"并非虚无不存在，而是天之至深，难以探知之处。在此基础上，他提出了"太虚即气"的思想，以太虚作为气的本然状态。宇宙间一切有形的物，与无形的虚空，都属于气的范畴，也都属气的不同表现。而太虚为气散的状态，也是气的本体，万物散入太虚，便恢复它们的本来状态，太虚聚为万物，仍保有气的本质。

太虚之气构成宇宙万物的运动过程是通过阴阳二气的对立、推移、相互作用完成的。这种思想正是从《易经》"易有太极，是生两仪"中衍生来的。所谓太极，是气；所谓两仪，是气中的阴阳。此二气是天地变化性能的抽象存在，并无具体的质态。不过，一旦气凝聚为万物，有形无形对应存在时，阴阳二气也就"循环迭至，聚散相荡，升降相求，细缊相揉，盖相兼相制，欲一之而不能"。同时，由于阳气有代表天上升、浮散的特性，阴气有代表地下降、沉聚的特性，在天尊地卑观念影响下，阳气指代为主动的一方，称为"健"；阴气指代为被动的一方，称为"顺"。虽然阴阳二气的规律是大致确定的，但气的健、顺运转过程有无穷变化，故而也会出现不规律的现象，只是这不规律中也须有规律的存在。在运转中，阳盛阴则气飘散轻扬而为天空太虚，阴盛阳则气凝聚沉落而降为大地万物。万物的生灭变化，也是这一原则的体现。阴阳二气运行流转，生生不息，故万物的生长消亡也永不间断。阴阳交感，万物化生的过程与规律，以及万物生发后，自身发展变化规律，张载称它为"道"。不过，道是从属于气的，没有气的运转相生，也就没有道的存在，这样在理论上就不出气一元论的范围。

气的理论太玄虚了，张载以比喻的方式做进一步的解释。他说，想象气可以去看春天郊外田野中气雾升腾的景象，看它"升降飞扬，未尝止息"，仿佛有什么东西在背后以气息相吹，其实哪里有什么神秘的原因和推动力，那就是天地万物大化流行的本来状态。哲学家牟宗三先生指出，张载在这里的比喻"显然是指描写指点语，即由宇宙之广生大义，充沛丰盛，而显示道体之创生义"。探究天地造化、创生之理，这是张载研究《易经》的根本目的。

关于气的这一套理论，现代人或许会报之一笑，认为这太不科学了。从学术传统上看，张载并不是气论的首倡者，庄子就曾说，"人之生，气之聚也；聚则为生，散则为死"，"通天下一气尔"，此外还有很多人都论述过"气"的问题。而从社会现实看，现代人也不可能是"气"论的废除者。纵观社会，我们何尝不是或多或少，或者不自觉地持有"人是由气组成的"想法呢？比如，很多人承认中医的说法——人的身体里有元气，伤了元气就会得病。显然，这仍然是现代中国文化区别于西方文化的一个标志。只不过在那个时代，张载还认为，气的本体是无形的太虚，是它透过气化聚散的作用，化成所有有形的事物，并构成了各种事物的本性。牟宗三先生解释张载的这一思想时指出："太虚之体，在吾人生命处，如从其'至静无感'说，则可认为是性体之最深之根源，即是性体之最深奥处、最隐秘处。"古代学者们思考人生际遇、宇宙变化，从根本上说，就是要通过认识宇宙的本原来认识人性自身，从而做到明德创造，修身养智。太虚在人性中的存在，说明人心之中都备有善良的种子，只不过暂时被个人的气质之性掩蔽了。

以现代哲学语言进行翻译，张载的气论主要包括如下特征：（一）气是千差万别的物质世界的本原，宇宙是由气构成的；（二）气是永恒的、无限的，在空间上是"大无外"，在时间上是"久无穷";(三)永恒无限的气是一个矛盾的统一体;(四)气是不断运动变化的,由于本体内部固有的矛盾推动着自己永恒不息的运动变化;(五)气的运动变化有聚、散两种基本形态,气聚所生成的具体事物是多种多样的,反映了物质世界的多样性与统一性;(六)气之聚散是有规律的,他称这规律为"理",它是"顺而不妄"的。总而言之,他强调了世界的物质性,揭示了天地万物是无限性与有限性的结合,主张自发的运动变化是宇宙的基本规律。

有无辩证辟佛道

要恰当地评价张载的这一思想,也要看他与前人相比作出了哪些不同凡响的贡献。在宋代以前,易学有汉易的卦气说,它把阴阳二气纳入八卦图式,并用阴阳二气的变易解释《易》理。魏晋时期,王弼又开创了玄学易学,以道教虚无为本解《易》,而抛弃了汉易的烦琐形式。唐代孔颖达撰《周易正义》,虽然保留了以无为本的玄学形式,但却继承了汉易以阴阳二气解《易》的传统。这一传统对宋初李觏解《易》产生过影响。张载解《易》,一方面吸收了孔、李易学中阴阳二气的观念,同时批判了玄学的以无为本。他用以历史上已有的气的聚散理论解释了"有""无"的矛盾和转化，从而克服了晋唐以来"有""无"之辩表现出的"天人二本"倾向，进而解决了天人合一的理论难题。张载能够做到这一点，是因为他以气一元论为基础，阐明了《易经》思想中气与象的关系。王弼一脉以玄理解易，认为天地万物以无为本，主张忘象以求义，排斥易象的价值。张载则首先区别形与象的不同，认为形是可见的，象则指刚柔动静等性能，有象者不一定有形，但有形者必有象，提出气无形有象的说法。气虽然无形，却可以用言辞来说明，证明它无形而有象，并非虚无。从"形而上者谓之道，形而下者谓之器"的道器观来看，形而上的气，不能脱离物象领域，道器之分只是象、形之分，所以道不能无。张载此一论点，强力否定道教和王弼一脉有生于无，天地以无为本的主张。从当时时代背景来说，这一观点也否定了周敦颐以无极为世界本原的观点，及佛学以空虚为万物本性，否认客观世界真实存在的论述。

张载提出气一元论思想有深刻的社会原因。正如他的学生范育所说，"与浮屠老子辩，夫岂好异乎哉？盖不得已也"。在北宋当时，道教之学与佛学都极为炽盛，儒学在佛、道盛行的风气底下，道统不继，"六经"义旨甚至为佛道学说渗透，所谓"自孔、孟没，学绝道丧千有余年，处士横议，异端间作，若浮屠、老子之书，天下共传，与'六经'

并行"。"使彼二氏者，天下信之，出于孔子之前，则'六经'之言有不道者乎？"因此张载立言著说绝不是出于纯理论的兴趣，而是为了重整伦常纲纪、拯救儒学理论危机的需要。他站在捍卫儒学立场上，以儒家思想的角度，以出入佛老多年重返'六经'的经验，对佛教与道教展开了猛烈的批判。特别是针对佛教的理论，张载批驳尤力。

佛老哲学的共同特点就是否定现实世界的客观性，认为"一切皆空""一切皆无"。佛教尤其如此。正如有的学者所指出的，悲观主义的集大成者当然要数佛教，归结为一个"空"字。佛教的三项基本原则（三印结），无非是要我们由人生的短促、不幸中，体认人生的空幻，从而自觉地放弃积极的人生。这种哲学在抚平人的烦恼、苦闷，为滚滚红尘中的芸芸众生提供精神解脱方面有很大的作用。但"一切皆空"的同时，也把人的社会责任感、社会事业感、使命感都"空"掉了。这不能不同入世有为的儒家文化发生冲突。

张载针对佛教以心为法、以空为真的认识论，主张虚、物之间，天人之际，本是在阴阳天道的气化流行过程中互证互印、互涵互显的体用关系。他进而批评佛教沦虚蹈空，视太虚只是一个"空"字，否认太虚本身即含蕴着乾坤阴阳之变化，万象人事之存在，结果必然是"舍世弃用"，否定人生积极的实践进取和理性执着，造成脱然出世、逃避现实。

在反对佛教的基础上，张载指出，现实是不容逃避的，人们应该以积极的入世精神直面生活中的问题，寻求解决问题的良方。

佛教强调生死轮回，对现世人生及价值做了彻底厌弃和否定，最高境界是超越生死轮回，获得空无圆成之极乐。张载则认为，"太虚不能无气，气不能不聚而为万物，万物不能不散而为太虚"。气随时处于一种运动的状态，凝聚时而成为万物，消散时则成为太虚。既然气有聚有散，因此现象、万物的存在都是气的暂时状态。但是人类于短暂之中也能成就永恒。这是因为天道人性一以贯之，人作为乾坤宇宙中之一员，帅性充体，卓立于世，能够以关怀和关切的方式体察人情物事，天命所至，人伦所迹。个体生命的价值取决于对"天人合一"这种道德理想的省思和实践程度。生命存在之际，真切的道德关怀使之充满活力；生命消逝之时，他所关怀的道德使之虽死犹生。个体生命的前赴后继构成了绵延不绝的道德文化的大性命，而这种对文化命运的自觉拥抱也使得儒家能够获得超脱死亡之宁静。与这种人生观相比，佛教拘泥于生死，厌世蹈空以期解脱轮回的信仰，就显得褊狭自私。

张载以气论攻击佛教，佛教却还击无力，这是因为佛教并没有以气作为现象本原的原始理论。宗密所著的《原人论》是少数论及气的作品。他说："儒道二教说，人畜等类，皆是虚无大道生成养育。谓道法自然生于元气，元气生天地，天地生万物。故愚智、贵贱、贫富、苦乐，皆禀于天，由于时命。故死后却归天地，复其虚无。"宗密在此所指的儒道二教之元气说并非张载的气本体论，而是自汉代以来不断发展的自然元气论，这种元气论把元气和天地万物之间的关系说成派生与被派生的关系，也就是说，先有元气然后才从元气产生万物，因此元气是先于万物而存在的，这样便割裂了本质与现象、体与用的内在联系。这种元气论也是张载所反对的。他说："若谓虚能生气，则虚无穷，气有限，体用殊绝，入老氏'有生于无'自然之论，不识所谓有无混一之常。"张载认为，气与虚的关系应该是两者皆体，所以"两不立则一不可见"，"一不可见则两之用息"。太虚与气之间的清浊、动静、聚散在表面上虽然对立，但本质上却同为一体，都以天道为其发用。人及万物在天道的发用下，自然而然能各尽其本性，使客观世界的规律得以运行，主观的道德良知得以在礼教及伦理中建立落实。

儒学的真理性是在对佛教的批判与反思中逐步建立起来的。张载指出，佛教与儒家存在着根本的对立，"释氏无用，故不穷理。彼以有为无，吾儒以参为性，故先穷理而后尽性"。佛教"以人生为幻妄，以有为为疣赘，以世界为阴浊，遂厌而不有，遗而弗存"。它否认在人伦日用上穷理格物的价值，认为在"用"上穷理终为空性自体之所累，所以在宗教实践上禅定守空，以自我精神解脱为终极谛义，致使"蔽其用于一身之小，溺其志于虚空之大"，不能推己及人而兼济天下。这种自性褊狭与儒家"修身齐家治国平天下"的积极入世精神判然对立。儒家精神与此恰好相反，它的根本目的是在经世致用上悟得一个究竟之"理"。一切探究必须落实到人伦日用之际才有其实际的价值，否则便是空中楼阁。同时，它要求儒者必须有切己的践履功夫和勇于担当的精神，积极承担社会责任，投身社会建设实践。

张载虽以《易》为宗批判佛教，但在思想上也接受了佛教知识体系的滋养。首先，张载"学贵心悟，守旧无功"的治学方式得益于佛教。张载一生"以道自任"，精研"六经"，继承发扬以孔、孟为核心的传统优秀文化，始终保持理性的自觉，主张为学应该守其本心，"虽孔、孟之言有纷错，亦须不思而改之"。这既与汉、唐经学家抱残守缺的学风旨趣相异，也不同于后来朱子支离烦琐的注经态度。毫无疑问，这种理解经典，不拘先圣教条的治学方式，与中土禅宗不拘名相、不依言教、以心悟佛的理念有很深的渊源。其次，张载《正蒙》中全部重要概念都有明确的逻辑规定，相互之间又有密切的逻辑关联，其气本论体系则完全是在概念、命题的推理论证中展开的，这与儒家不太注重理论体系及其范畴概念之间的逻辑关联的传统相悖，也是受到佛学的影响所致。

张载在对待道教的问题上，采取的也是批判与汲取相结合的态度。一方面，他以"气论"批判道教的"有生于无"观念和神仙不死信仰；另一方面，他从道教中吸收了太虚、元气聚散等概念，进行理论升华或改造。有研究者早已指出，太虚概念并非张载首创，早在先秦《庄子》《管子》和长沙马王堆汉墓出土的《老子》乙本卷前古逸书《道原》中就有了。太虚的本义是指广大空间。《庄子·知北游》说："若是者，外不观乎宇宙，内不知乎太初，是以不过乎昆仑，不游乎太虚。"后来，太虚逐渐由天之空间广延向时间上的始源转进，最后形成时空的统一。张载的太虚概念不像道教所论太虚与气存在先后关系、相生关系，而是一体而不可分割的关系。

天道性命相贯通

如何评价张载取法佛老的行为呢？应该说，关注异己的思想理论，甚至从自己所批判的对象那里吸取合理的思想是大思想家必备的品格。虽然张载自觉不自觉地有取之于佛老的思想，但是儒家传统的直面人生、积极入世的"明体达用"之学始终是他为学做人的宗旨，与"厌弃人生""销碍入空"等佛老思想截然异趣。正是因为坚持理想，大胆批判，不断追求创新，张载才成为北宋儒家思想的重要代表。这正如他在《芭蕉》诗中所言："芭蕉心尽展新枝，新卷新心暗已随。愿学新心养新德，旋随新叶起新知。"

从《易经》出发，张载给中国人描绘出一幅自我创造、生生不息的世界图景，这就是天道造化。就其基本原理而言，任何事物都不可能离开与其他事物的相互关系，同时也离不开自身内部对立双方的矛盾运动过程，因而事物的发展变化既取决于内在的动力，也取决于它与外部的关系。张载把事物自身内部对立的双方称为阴阳，把阴阳的对立统一、交感变化的本质称为天道，把阴阳二气的流转变化分为"神"与"化"两个层面。所谓"神"就是"天德"，指气的阴阳变化的总体属性，而"化"则指阴阳二气变化的过程，二者分而不裂，别而不离。这种天道神化思想是儒家思想继往开来的重要发展。

孔子创立儒家学派，理论思想的核心是从人的利他性（道德属性）出发，重建社会制度，至于"人性的基础是什么"并没有讲明白，所以他的弟子子贡坦言，"夫子之言性与天道，不可得而闻也"。思孟一派发掘人的内在超越性，倡言人性善，指出"仁者，人也，合而言之，道也"，试图从利他性的角度探讨整个宇宙的本质，以便确立人性及社会本质，却受到老、庄、荀、韩的猛烈攻击。老子讲"天地不仁，以万物为刍狗"，根本不承认社会的道德基础；荀子则创立性恶论，也从儒家内部攻击道德乌托邦。《易经》从阴阳变化探讨"继之者善也"，却始终不能确证阴阳二气运动是否蕴含着内在超越性。张载的思想对于沟通思孟学派与《易经》体系起了关键的推动作用，对于道学的发展产生了巨大的影响。

张载在用气的聚散解释宇宙万物的形成之后，从作为本体的太虚之气出发过渡到"性"这个重要的哲学范畴。"由太虚，有天之名；由气化，有道之名。合虚与气，有性之名；合性与知觉，有心之名。"这就是说，太虚的广阔与无限构成天，气化的过程和规律构成道，太虚与气构成宇宙之本性，人在宇宙本性下产生的人性和知觉，这就是人心——人的认知与精神。这一理论的根基是，太虚之气聚而为气，气聚为人，人的本性根源于太虚的本性。太虚的本性就是清通无碍之性，是贯通人与自然的本性、本质联系和规律，它体现了宇宙创生万物的本能。张载说："太虚者，天之实也。万物取足于太虚，人亦出于太虚。太虚者，心之实也。"从这里可以看出太虚是不显的现实存在，是气散状态，是不断运动的。太虚不仅是物质世界（包括人类社会）的本原所在，同时也是人类精神活动的主体——心（认知和精神）的本原所在。这样包括物质和精神的万物都因为太虚的存在而存在，都具有太虚之性，所以人类也具有这种太虚之性。因此，张载得出了一个基本结论："性之本原，莫非至善。"既然太虚之性具有健顺之德，那么人就具有天地的健顺之德。健顺之德是人类本身具有的，所以也可以说人是道德的动物；而道德是人类社会共有的，是人与人、人与社会、人与自然联系与交往的最基本和最有效的方式。

从程朱理学开始，学者们就对张载的思想进行研究。在现代最早进行全面系统研究的是牟宗三先生。他认为，张载的思想"盖天道性命相贯通，是以凡言天、言道、言虚、言神乃至言太极，目的皆在建立性体，亦可言皆结穴于性体"。就是说，张载的思想贯通了天道性命，其中是以本性作为连接点的，此性上通天道，下达个体生命，以至于宇宙万物，所以天、天道、太虚、神等都围绕着性体展开，呈现一片昭明，儒家形而上学思想才具有理论说服力。张载在《正蒙·诚明篇》中说："性者，万物之一源。"牟宗三认为，张载讲性是绝对的、普遍的，其目的是建立道德创造之源，不是浮泛的宇宙论，气化之道必然要由道德创造来加以证实。性既为太虚清通之神的本性，也是道能够通体达用的特征，化生宇宙万物，创生人类的道德良知，所以通体达用所讲的性具有创生之用，即创造道德的功用。他研究认为，这是张载汲取了《中庸》"天命之谓性，率性之谓道，修道之谓教"思想的结果，所以才会有"天所性者通极于道""莫不性诸道，命诸天"之言。

第5章

以 礼 为 用

古代的礼除了日常生活的礼仪外，很多时候指的是一套政治制度，如《周礼》就指的是周人所制定的一套政治制度，春秋战国时期"礼坏乐崩"就是说周代的政治制度失去了权威性，遭到了破坏。

在儒学传统中，礼是国家政治、社会伦常的经纬。《宋书》说张载"尊礼贵德"。在张载的思想中，礼不仅是人的道德行为规范，而且是圣人用以安立天下的治道，具有建立社会秩序的重要价值。

张载十分推崇《周礼》，曾经做过中央政府的礼官，退居之后亲自"正经界，分宅里，立敛法，广储蓄，兴学校，成礼俗，救灾恤难，敦本抑末"，以实际行动在民间推广礼教。同时，在教学中他注重"以礼为教"，他的学生吕大临说其教学方法是"多告以知礼成性、变化气质之道"，司马光则称之为"教人学虽博，要以礼为先"。可见，张载是以身体力行实践他的理学思想。

儒学复兴重践礼

在北宋儒学复兴运动中，张载是最为重视礼的实践者。从中国礼学发展的历程来看，宋代是礼学研究的重要阶段。司马光、王安石、程颐等人的礼学造诣皆甚高，而张载的礼学更是名重一时，著有《横渠张氏祭礼》《冠婚丧祭礼》《礼记说》《仪礼说》《周礼说》等书（以上诸书均已散佚），其传世著作《正蒙》中有专论礼学的《乐器》《王禘》等篇，《经学理窟》中有专论礼学的《周礼》《礼乐》《祭祀》《丧纪》等篇，对礼的合法性、礼的社会根源、礼的功能及变革等进行了较为系统而深入的探讨，形成了独树一帜的礼学思想体系。

张载把"礼"纳入了他的哲学体系，认为礼的终极根源来自太虚（气）。在其佚书《礼记说》中，他反对前儒所谓"礼出于人"的论断，认为礼并非起源于人类社会本身，即便没有人类社会，礼所代表的秩序仍然存在，比如，万物之中的尊卑小大等，都说明秩序原则的存在，人类制定礼只是顺从了这一规律而已。由此观之，礼是人对天道的体现和取法，终极根源在宇宙大道。可惜这本书已经散佚了，我们无从认识他这一思想的全貌，只能在宋人卫湜的《礼记集说》中看到一点资料。不过，在张载的《经学理窟》中还是可以看到他的这一思想。他说："礼不必皆出于人，至如无人，天地之礼自然而有，何假于人？天之生物便有尊卑大小之象，人顺之而已，此所以为礼也。学者有专以礼出于人，而不知礼本天之自然，告子专以义为外，而不知所以行义由内也，皆非也，当合内外之道。"

不过，我们仍然可以从张载"气论"的思想较为深入地推测他在这一方面的创见。张载认为，万物一体同源，天地万物来源于气化，并以气化流行描述天地万物的生灭变化。在此意义下，当万物基于气的清浊、滞碍、凝聚等运动而产生个别差异时，也同时具体呈现出气化流行的秩序性。由于气具有物质性和机能性等特性，所以它不仅表现生物的顺序，或地形地貌的高下差别，也呈现出一种安立天地人鬼的价值规范。所以，张载说："礼即天地之德。"礼不仅是一种秩序或规范，同时也是最高道德与价值的展现。张载又说，"礼出于理之后""知理则能制礼"，人类只有认识了天地之理，才能制定礼制，以区别亲疏贵贱、长幼老少，使社会生活有理有序。

那么人是如何认识天地之理的呢？张载很重视这个问题，在他看来，这也关系着当时的人们如何才能继续认识天地之理，制定完善的社会价值规范。他通过考察孟子与告子的论辩指出，人是从道德本心出发，体证天理流行的秩序性，从而制定了人间秩序——礼，并遵守礼仪规范的。依照《孟子·告子上》可知，告子主张"仁内义外"之说，认为"义"是一种外铄的规范。在这个意义下，礼对人而言，仅是一种外在的行为规范，人的道德实践也只是因应它而已。由于道德实践的根源并非基于人的自发自觉，道德活动也就不具备实践的主动性和必须性。然而，孟子认为礼之实践有其内在根源，并不只是在行为上偶然符合礼之节度规范，更在于人是顺乎本心本性而知礼守礼，这就是"由仁义行，非行仁义"。也就是说，一个有道德的人可"以仁存心，以礼存心"，顺着良知本心自觉地采取合适的行动。所以，张载说："礼非止著见于外，亦有'无体之礼'。盖礼之原在心。"依循着本心的外在行为表现才有价值。在孟子看来，一方面是"心之官则思"，具有明察感通天地价值与秩序的能力，同时它还有不忍、是非、辞让等情感，所以它不仅仅指引着合适的行为，其本身就是合适行为的发端。正是在不忍不安之中，人心生发出行动的欲望，选择有价值的道德行为。

承袭孟子的道德实践思想，张载进一步阐发个人的观点，认为礼的实践基于人的道德心性，而不是仅由外在规范约束所造成的；人能自发地知礼守礼，是基于人对社会规范背后的价值秩序的体悟。如果缺乏良心自觉的行为，行礼将只剩下空洞的肢体行动，那么礼也仅成为徒具形式的虚文，将根本无法体现礼的本质，也就不能在行礼中彰显天理。所以，张载重视守礼行礼中的"敬"与"诚"。他说："敬斯有立，有立斯有为。'敬，礼之舆也'，不敬则礼不行。""诚意而不以礼则无征，盖诚非礼无以见也。诚意与行礼无有先后，须兼修之。诚谓诚有是心，有尊敬之者则当有所尊敬之心，有养爱之者则当有所抚字之意，此心苟息，则礼不备，文不当，故成就其身者须在礼，而成就礼则须至诚也。"诚心敬意和守礼知礼是断不可分的两端，没有先后之分。同时，由于礼是人依据天地之性，并用内在道德良知去领会天理，在行为动作中呈现天理，所以礼是贯通天人的道德实践活动，人也在道德实践中彰显人之所以为人的存在意义。所以，张载说："盖礼者理也，须是学穷理，礼则所以行其义。"总之，礼的实践是基于天理的全然领会，由此可以做到"知礼成性"，由明察社会秩序的价值与规范，进而自觉地采取合于价值与规范的行为。

现代人看到"天理"概念的时候，马上就会想到很多规律是恒常不变的，如果人类的社会秩序、社会制度也同天理那样具有普遍性、恒常性，永世不移，或者"放之四海皆准"，这个世界还不乱了套？张载早就考虑到这个问题。他认为，那些礼必须与时代相协调，那些不合时代要求的礼徒具形式，禁锢人心，已经不符合天地之理，应该进行改革。当礼无法作为人立身处世的依据，并可能成为人的束缚时，这种礼已经失去了原有的社会功能，背离了创制礼的初衷，必须进行调整。张载对于"不合时宜之礼"的看法，也反映在他的政治态度上。他认为政治制度当以礼为基础，所以当执政者订立制度时，应如同体贴天理以制礼一样，穷神知化而通权达变。所订立的制度出现难以执行的情况时，执政者当反省制度是否已经上无法彰显天理，下无法顺通民情，是否必须应时变化了。

同时，张载也承认社会现实是复杂的，不能一味强调礼的一成不变。现实中总有某些特例、特殊时候、特殊状况超出了礼的范围，它们合乎人情却有违礼法，对礼法构成挑战，但这并不意味着礼已经与时代脱节而必须改变，此时即需要在不违背礼的基本精神的前提下，考虑变通礼的实践。这是张载的权变思想。他说："权，量宜而行，义之精，道之极者，故非常人所及。"这一思想的基本前提是，道德行为实践所依据的不是僵化的教条，而是作为行为判断指引的仁心。如果以僵化的礼仪教条规范人的所有行为，事实上不但无法如实地指导人在各种不同具体情境下采取合适的行为，更残害了仁心的感通无碍，破坏了普遍道德原则有效应用于具体情境的基础。根据实际情况对礼进行权变，一方面可以避免对礼的教条化，另一方面可以使人情畅达。

张载以身作则，从自家做起，进行礼的实践。他要求自家童子要懂得洒扫应对、敬人接物、扶老抚幼之礼；未嫁的女子要参加祭祀活动，演习礼仪；已嫁的妇女要无违丈夫，严守《女诫》，还要按照古礼举行婚丧嫁娶的仪式。他在《经学理窟》和《正蒙》中写下了许多关于仪礼的规定。其中，他最为关注社会教化之礼，主要有冠礼、昏（婚）礼、丧礼、祭礼等，着意继承《周礼》的要旨，并结合了当时的习俗或礼制。张载曾用孔子的语气说，"加我数年，六十道行于家人足矣"，表示了他躬行礼教的决心。司马光把张载在家族和乡里推行古礼的工作概括为"好礼效古人，勿为时俗牵"。由于张载竭力倡导和推行古礼，引起地方精英的仿效，结果"关中风俗一变而至于古"，"学者用礼渐成俗"，达到了他的"大成"目标——"化民易俗之道，非学则不能至，此学之大成"，即以礼化俗。后来，张门弟子吕大钧兄弟还撰写了《吕氏乡约》《乡仪》，并推行于其乡京兆蓝田（今陕西蓝田）。

张载推行礼制，重视对古礼的沿袭，难免受到挫折。熙宁十年（1077），他再次被起用，到太常礼院任职。任职期间，他试图恢复古礼，纠正当时礼仪的疏漏和不严之处，但赞同的人很少。为此，他很不高兴，就告病辞官。回到乡里后，他希望能在当地推行礼，但是仍然遇到很大的困难。首先是很多士人对此不感兴趣，大多把心思放在科举上，少数人想学习、实行它，却对它的繁文缛节望而却步。只有吕大钧能够"独信之不移……日用躬行，必取先王法度以为宗范"，使各种礼仪能够贯彻执行。吕氏兄弟的重礼行礼，行之有年，在关中地方望族中起了很好的示范效应。张载感慨他们对于地方社会的贡献，说："秦俗之化，和叔（吕大钧）有力。"

北宋中后期，民族矛盾和社会矛盾日趋尖锐，从仁宗到神宗（1023—1085）的六十余年间，政府酝酿出一股社会改革的思潮，在范仲淹、王安石等人的领导下，士大夫阶层积极参与和改革有关的讨论。张载的改革思想体现在两个方面：一个是上文提到的，在政治上不得意之时，回到基层社会，以士大夫的社会影响力，推动民间礼制试验；二是针对当时的社会问题提出了自己的变法设想。在以往的研究中，他的变法思想常被人们所忽略，即便有所研究也没有结合社会问题和政治环境进行考察，因此下面就此作一个尽量简单的介绍。

张载变法求新的政治理论基础是《周礼》。翻开《周礼》可以发现，全书分《天官》《地官》《春官》《夏官》《秋官》《冬官》六篇，几乎每篇都以"惟王建国，辨方正位，体国经野，设官分职，以为民极"数语起首。担任这些复杂官职的官员掌握着上至国家的政治、军事、财政、司法、祭祀等重要事务，下至地方行政，甚至直接管理平民百姓的生产生活。可以说，《周礼》以大量的篇幅，通过官制介绍这样一个特定的角度，系统阐述了作者心目中理想社会的景况。这个社会由各式各样的制度控制着人的行动，显得很有秩序，各人的责任也很均衡，整个社会呈现出一派和谐的气象。现在一般认为，《周礼》是战国时儒家收集古代和当时的政治制度、经济制度等，并添附儒家的政治观点编定的，反映了儒家美化夏、商、周三代的社会理想。由于北宋的土地兼并严重，中央权力过分集中所造成的社会危机，就使得记载"井田"和"封建"分封制度的《周礼》成为改革思想家们寻求社会出路的重要思想资源。张载称颂"《周礼》是的当之书"，认为"周道止是均平"，主张以《周礼》为参考，加快社会政治制度改革，是一条改革的捷径。所以，他要求学生们仔细研读《周礼》，以备"他日有为却做得些实事"。儒家的思维方式具有以古论今、借古喻今，以复古代社会之形而行设计未来社会之实的特点。儒家往往表面上宣称复古，而实际是在讲创新。

计划井田均土地

张载提出要改革土地制度，恢复井田。井田制作为一种历史传说，见于《孟子》和《周礼·地官司徒·小司徒》《大司徒》《遂人》《考工记》等。今人研究认为，周代的井田制仅仅是一种土地计量方法、赋敛单位和户籍编制制度。吕大临在《横渠先生行状》中曾回忆说，当时张载对恢复井田有相当的紧迫感，认为社会改革的首要任务是改革土地制度，这个问题不解决，难以实现社会公平。

在《送苏修撰赴阙》诗中，张载说："秦弊于今未息肩，高萧从此法相沿。生无定业田疆坏，赤子存亡任自然。"这里的"秦弊"不是严刑酷法，而是指"废井田，开阡陌"后形成的土地政策。张载以隐喻的手法指出，北宋社会问题的直接根源在土地兼并，在土地私有制。宋代以前，北魏至唐代前期不承认土地兼并，对农民实行一定形式的授田。唐代中叶以后，均田制崩溃，自耕农的小块土地所有制受到严重威胁。北宋立国后，实行"不抑兼并"政策，土地兼并快速发展。由于历史记载的缺失，今天无法确认，在张载生活的年代到底有多少土地以什么样的频率参与了流通。仅举一例作为旁证。宋高宗时，四川曾立限令典卖田宅者纳税印契，一次征收契税四百万贯。有人推算，四川这次纳税印契的田地共有四百万亩。以交易时间的跨度在二十年左右计，年平均交易面积约为二十万亩。再考虑到在交易时就向官府纳税印契的面积，足见当时土地交易数量之巨。土地兼并造成"地各有主，户或无田产，富者有弥望之田，贫者无立锥之地，有力者无田可耕，有田者无力可耕"，而且"富者日长，贫者日削"，陷入了富者越来越富、贫者越来越贫的恶性循环。

张载的土地平分方案是，把土地所有权收归国有，按照一夫（一个劳动力）一百亩的标准，把土地划分为面积相等的矩形，按户论人平均分配。这体现了平等的分配原则。古罗马人也曾以同样的方法来分配土地。拉法格在《思想起源论》中记载："每个家庭分得的土地块只有包括在等长的直线之内他们才会感到完全满意……等长的直线内包含的地块满足了平等的精神和不给纷争留下余地……因为这个原因，希腊文 orthos 一词先是表示置于直线上的东西，往后就引申来表示真实的、公平和正义的东西。"

要平等地划分土地，关键问题是要有土地可分。土地改革必然要触及所有权问题。当时有识之士普遍认为要从地主手里获取土地，无异于与虎谋皮，必将遭到强烈反对。为此，张载提出了赎买的解决方案：把地主家多余的土地分给别人后，作为一种补偿，授予他"田官"职位，使做官的收入基本可与以前收取的地租数相当。若经过一番思想说服工作，再委任以官，收入即使有所减少，但社会地位得到提高，地主们应该可以欣然从命。以上只是井田制实行初期的计划。按照设想，井田制实施一二十年后，官员任用还要另立新法，使田官的任命由用富取官，改为选贤任能，收入改为俸禄，地主最终因融入官僚阶层而消失。此后，社会上将只有平民和从平民中选拔出来的官吏两个阶层。这种阶层建立在职责的区分上，农民的地位自然得到提高。

张载认为，实行井田制，不仅能解决土地兼并、贫富不均等社会问题，也可以解决养兵、财用、赋役等有关国计问题，收到安定社会和富国强兵之效。百里之地得九万夫，以革车一乘、甲士三人、步卒七十二人的编制计算，百里之国至少可言千乘，取什一之法，亦可言百乘。这是寓兵于民、兵农合一的制度，其优越性是不言而喻的。

张载的井田制设想并不是个案。同一时期的思想家李觏也在《潜书》和《平土书》中指出，农民没有土地是社会矛盾的中心，主张按照《周礼》，"井田立则田均，田均则耕者得食"，应恢复井田以解决土地占有不均的矛盾。在儒家传统上，一直有恢复井田的梦想。孟子在面见滕文公的时候就提出，为了国强民富，应该以恢复西周的井田制作为实行仁政的首要任务。但是，这种构想的问题也是显而易见的。它从一个很高的理想出发，忽视了所有权作为一个根本的经济制度所具有的强大惯性。这就有点书生意气了。而井田制在历史上到底是什么样子，记之不详，传之太简，大家谁也不清楚。此外，井田制设想推行起来存在的另一个问题，就是需要一个强大的具有权威的政府。张载坦诚地说，这项任务如此巨大，需要一个有仁心的皇帝，还要一个能够决断、果敢、干练的宰相。试想统治阶层怎么可能冒着危及自己统治基础的风险去为老百姓谋福利呢？

由于种种原因，张载对于井田的想法并没有得到中央政府的认可。他只好在回乡之后回到家乡买一块地，来进行井田制的实践。至于效果如何，今天已经不可考证了，大概是不了了之的。李觏倒是很快就认识到了井田制的不可行，在《富国策》中他就提出要用"限田"取代井田的思想。不过，限田也只是一种空想而已。到南宋时，朱熹和弟子讨论井田和限田的问题。他说，要实行张载的井田之说，要视条件、机会而定，这就是天下经过大乱，人口减少，田无所属，新政权建立后，乘此机会，收田归官府，再分给民众。如唐代实行的口分田、永业田，就是这样实现的。若在平时，只是讲学时说说还可以，真要实行，则有万千难行之处。当时，连赋税公平负担都行不通，更遑论要夺富人之田了。至于限田的说法，只是"胡说""乱说"而已。要限制大官僚、大地主的土地占有权，在他们掌权的时代，是不可能实现的。因此，张载的恢复井田、实行土地均平的政治主张，只能是一种美好的愿望和政治理想。

欲济困厄建宗法

在地方社会组织方面，张载希望能重建宗法，加强社会整合。在张载看来，土地的平等分配只是迈向理想社会的必要条件，而不是充分条件。要"管摄天下人心，收宗族，厚风俗"，必须重建宗法，以宗族中的仁爱精神来挽救危恶的人心，扭转浇薄的风俗。

其实，就历史的进程而言，宋代是中国历史上一个重要的转型期。日本学者内藤虎次郎提出唐宋变革的说法，将宋代视为近世中国的开端；而中国史学家钱穆更称宋代以后为科举社会，以别于唐以前的门第社会。从唐末五代至宋，中国社会有一些重要的变化，其中之一便是士族性质、家族制度的转变。在此期间，中国的家族制度大致完成了其新旧交替的转型过程，由魏晋隋唐时期的门阀宗族制转变成为宋元明清时期的以"敬宗收族"为特点的平民宗族制。宋代是这一制度发轫和形成的时期。张载的时代恰好处于门阀宗族已经消亡而新的平民宗族制度尚未建立的时代。他试图重新规划家族的发展，恢复宗法，完善农村社会组织。

唐中叶以前，社会上普遍宗族聚居，宗族内部重伦常孝悌，同财共居，生活困难的族众可以得到亲友的救助。但到了五代北宋，士族社会瓦解，大型宗族离散成平民小家庭，贫困者难以获得救济。刘宋时的周郎奏称："今士大夫以下，父母在而兄弟异计，十家而七矣。庶人父子殊产，亦八家而五矣。凡甚者，乃危亡不相知，饥寒不相恤，又嫉谤谗害，其间不可称数。"个人为家庭利益所笼罩，处理社会关系时，往往以家庭为本位，"以我视物则我大"，以邻为壑，自私自利，原有以血缘为纽带的宗族群体内部规范机制日益瓦解，血缘族群的内部互恤功能也丧失殆尽了。张载描述当时的情况是："无百年之家，骨肉无统，虽至亲，恩亦薄"，"其心止欲得利禄纵欲，于义理更不留意"。家族成员间的亲和力很差，彼此在五代人之内就很陌生了，宗族群体意识下降，扶弱济贫的社会公德意识薄弱，贫困者无法获得亲友邻里的有效救助，往往难以脱贫。自北宋中期开始，以族谱、宗族祠堂、家族义庄、义田为特征的近世家族制度探索，在儒学大师的提倡下开始兴起。

北宋中期开始，士大夫敬宗收族，重建"义门"的工作，是张载宗族思想发生的基础。有意思的是，范仲淹又是其大力倡导者。皇祐元年（1049），时在杭州任上的范仲淹以多年积累的俸余，买田千亩，在平江府（今江苏苏州）吴县、长洲设立了著名的义庄。此事影响深远，不亚于"先天下之忧而忧，后天下之乐而乐"的千古名言。自此以后，士大夫们纷纷仿效，一时义庄遍布各地。直到民国时期，农村仍然有很多义庄，成为解读中国社会结构的重要着眼点。范仲淹设立义庄后，曾说过一段话："吾吴中宗族甚众，于吾固有亲疏。然以吾祖宗视之，则均是子孙，固无亲疏也。吾安得不恤其饥寒哉？且自祖宗来，积德百余年而始发于吾，得至大官，若独享富贵而不恤宗族，异日何以见祖宗于地下，亦何以入家庙乎？"在他看来，自己的显贵源于祖先之积德，自己若独享其成果，则是对祖先的背叛。这是范仲淹设立义庄行为背后的信仰支撑。也就是说，尽管北宋前期宗族几近瓦解，但是在这种祖先崇拜的支持下，宗族制度开始了新的探索和试验。值得注意的是，据说在他创置义庄的前夕，子弟曾劝他在洛阳买田宅作为养老之地，被他断然拒绝，而张载在其中也起了重要作用。除义庄之外，范仲淹还设义学，续修家谱，制定义庄规矩，草创之初便注意各种配套措施，考虑可谓较为周全。宋仁宗时，政局稳定，社会安和，大臣们多能自奉俭约，如宰相杜衍为官廉洁，若有余财，则分赠宗族，或赒人急难。另外，参知政事丁度也是"生平廉畏，自奉泊如，所得俸，稍计伏腊外，均赋宗戚，贫甚，嫁娶送葬，仰公而成，虽疏属如一"。程颢、程颐的父亲程珦，也是一位乐善好施的君子，史载他"所得俸禄，分赡亲戚之贫者。伯母寡居，奉养甚至"。在上位者、官员能有此仁心义行，必然会产生一定影响，显现社会的光明面。这些都给张载以思想上的启发。

范仲淹设立义庄的动机，也曾有人推测是源于他的童年经历。史书记载他幼年丧父，母亲带他改嫁，受到朱姓人家的不良对待，历尽艰苦，产生了同宗同族互相扶持的强烈愿望。张载要求重建宗族是否也有这样的心理动机呢？了解了张载幼年丧父，一家人流落异乡，母子三人艰难度日，就不难想象他跟范仲淹有着类似的艰苦生活经历。所谓"同病相怜，物伤其类"，当他们看到人们受难受穷的时候，就不免要为他们想出一个互相帮扶的法子来。在他们看来，如果能够重建宗族，大家必将本着血脉相连的亲情，团结起来，同渡难关。能先从对家族、亲戚的救济做起，再推及于乡党朋友，形成重仁尚义的社会风气，则可老者安之、少者怀之，成就一个和谐社会。

张载重建宗族的第一步是"立宗子法"，要重建宗族，必须先确立领导体制。他说："管摄天下人心，收宗族，厚风俗，使人不忘本，须是明谱系世族与立宗子法。"西周时期，宗子继承以嫡长子为主，后来发展为立长不立贤、立贵不立长的原则。张载基本认同宗子应该由嫡长子继承，区分大宗小宗。不过，他认为，宗子的任务是保障宗族的繁荣昌盛，如果宗子无德无能，不适任宗子，就必须选贤任能，立贤能之次子为宗子。如果诸子中有仕宦者，应不问长少，立其为宗子，负责协调宗族内部事务。这就改变了古代选立宗子的立嫡立长的身份性标准，而提出了立贤的思想。在这一标准的背后是他对"知礼成性"思想的坚持。他认为读书可以提高一个人处理问题的能力，更能提高一个人的道德水平，官员多由科举考试产生，饱读儒家经典，在理论上具有更宽阔的胸怀和仁厚的道德。由此可知，张载提出的宗子制并不是僵化的，不会造成嫡庶之间的压制。由宗子继替推展开来，张载认为社会管理者也应该是选贤任能。考虑到北宋时期士大夫集团处于上升期，宗子选贤任能，也是保障这一利益集团能够传宗接代，永世不绝。

张载关于设立宗子的这一设想在宋代影响很大。宋代的民间宗法组织不再强调按照嫡长子继承制选立宗子，而更多地从地位、财力、能力等方面考虑，选立本族中地位、财力、能力等最高的官僚地主作为宗族首领。这与范仲淹、张载等思想家的提倡不无关系。

确立宗子权威，还要从经济、教育、政治权力等方面保障宗子的地位。首先在财产的占有上，张载主张按照古代的宗子法，大宗、小宗的现任宗子死后，仍由各自的嫡长子继承，一切家产不得由众子均分，祭祀之事也由嫡长子负责，这样一个家族可以世世代代传下去，不至于分散。宗子尽管继承了大部分财产，其实也只是财产管理人，而非绝对的支配者，所以他不具有财产的私有产权和任意支配权。其次，为宗子专门聘请教师进行培养，不能混同于其他族人。最后，建议政府立法，允许族人将自己的官爵或荫恩转与宗子。

关于父系宗族内部宗子法的各种规定，包括宗子确立、权力行使、权威维护等，张载称之为"宗法"。当代研究周代宗法制度的学者钱杭先生认为，"宗法"这个词是由张载创用的。很可惜他没有给出理由。著名史学家何炳棣先生则从历史文献考察入手进一步肯定了钱氏的说法。他指出，《礼记》中的《丧服小记》和《大传》是研究周代宗法制度的基本文献，内有大宗、小宗定义，继承和外迁原则及相关亲属称谓等，而独没有对全部制度如"宗法"这种概念性的专有名词。张载《经学理窟》中《宗法》一文的标题是"宗法"专有名词的初现。

张载指出，设立宗族，确立贤能的宗子，对朝廷也是好事一桩。因为立了宗子，设了宗族，培养大量人才，就有了为政府服务的后备军。如果没有宗族制度，公卿大臣们靠自己的努力，崛起于贫贱之中，一旦死亡，就会家族离散，优秀族人因此遭殃，政府也就失去了重要的人才。同时，宗族成立之后，公卿大臣们为了各保其家，必然会倡导忠义，这对国家大有好处。在宗族没有普遍设立的时候，得富贵者只能为自己打算，置办土地、府第，不过三四十年而已，一旦去世，子孙分裂，家产随之荡尽，家族也不存在了。这样的话，家且不能保，又怎么能够保国呢？

他还建议，朝廷可以赏赐有功之臣部分土地和一个荣誉职衔，使他的子孙世守其禄，这样不仅可以为天下人尽忠尽孝作表率，而且可以使忠义之士获得实实在在的回报。张载的宗法思想对当时及后世影响很大。"宗子之法不立，则朝廷无世臣"这句话在程颐的文集和语录中反复出现，在明清文集中也不时地被征引，并加以阐发。

张载认为，宗族生活在精神上最重要的是培养"爱必兼爱"的情操。这里的"兼爱"，也就是博爱，是视人如己，"以爱己之心爱人"。他将这种情操冠之为"尽仁"。他强调有容不弃，对所有的族人都一视同仁，平等对待。养成"兼爱"的方法是教之以礼。他说："古人于孩提时已教之礼，今世学不讲，男女从幼便骄惰坏了，到长益凶狠，只为未尝为子弟之事。则于其亲，已有物我，不肯屈下"，"为子弟则不能安洒扫应对，在朋友则不能下朋友，有官长不能下官长，为宰相不能下天下之贤，甚则至于徇私意，义理都丧"。因此张载反复强调："人必以礼立……知礼以成性，性乃存，然后道义出。"宗族中养成的仁爱精神，是做人的基本准则，由此出发，理想社会才能实现。

重建宗族的另外一件大事是建家庙和祭祀制度。宗庙祭祀是祖先崇拜的重要空间符号，可以起到加强宗族成员彼此间团结和情感归属的作用，因此宗庙和祭祀制度是宗族重建中非常重要的内容。周代的宗庙制度，按照天子、诸侯、卿大夫、士的身份制度区分出严格的等级。《礼记·王制》说："天子七庙，三昭三穆，与大祖之庙而七；诸侯五庙，二昭二穆，与大祖之庙而五；大夫三庙，一昭一穆，与大祖之庙而三；士一庙；庶人祭于寝。"祭祖一直是士大夫的特权，老百姓只能在房屋的正厅里烧炷香而已，祖宗牌位都不能有。五代时期，这套礼制在战乱中遭到破坏，士大夫不袭爵，也就不建庙，与平民祭祀无异。到了宋代前期，建家庙也只是高级官僚的特权。张载认为，既然建立家庙和祭祀祖先有敬宗收族的重大作用，就不能不在平民中推而广之。所以他建议，将平民祭祀用的正厅也称呼为庙，作为专门祭祀祖先的场所。

由此可以看出，张载要重建的宗族制具有平民化的倾向。在祭祀制度上，张载指出，从实际情况出发，平民应该祭祀三代祖先，而士大夫可以祭祀四代祖先。这是不符合古制的一种大胆主张。这种主张在当时顺应人情、习俗，还是比较温和的。与此相比，程颐的主张则激进得多。他要求，士大夫不仅要常祭高祖以下的近四代祖先，还可祭祀始祖和先祖。

张载的这些初步设想，有的因为太脱离实际，未能实行。如区分大宗、小宗，因为宋代一般不实行世袭制度，官爵不能世袭，除皇室行用大宗、小宗之法以外，民间宗族组织只能行小宗之法。朝廷对宗族问题持保留态度。对大宗族既奖励扶持，又加以限制。扶持是出于维护家长制及基层社会秩序的需要，而限制则是为了防止大家族势力膨胀，以致危及地方政府乃至朝廷。宋仁宗嘉祐七年（1062），下诏强令江西德安陈氏别籍分居，即是朝廷打击大宗族的例证。陈氏当时已聚居两百年，人口达一千二百多人。此外，平民家庭财力有限，即便设立义田，也很难维持大宗族同炊共财的生活，这构成了张载理想难以实现的另一个重要原因。有资料记载，当时江西金溪陆氏"累世义居""阖门百口，男女以班，各供其职，闺门之内，严若朝廷"。但是大锅饭很难吃下去，"公堂之田，仅足给一岁之食。家人计口打饭，自办蔬肉，不合食。私房婢仆，各自供给"。

反对集权求分封

除了井田和宗法之外，张载提出的另外一项改革是重建"封建"，适当分权。对于"封建"一词的理解，古人今人有着很大的不同。新中国成立以来，社会上流行的"封建"一词，在制度上是指代中国历史上秦汉至明清时期，以君主专制、中央集权为主要特征的社会历史阶段；在人格上是说一个人思想保守、泥古、不开放。在古代，封建最初就是以种树、栽木桩、立界石等方式划分边界；后来"封建"成为一种政治分封制度，即封邦建国，古代帝王把爵位、土地分赐亲戚或功臣，使之在各区域内建立邦国。《礼记·王制》曰："王者之制禄爵，公、侯、伯、子、男凡五等……天子之田方千里，公、侯田方百里，伯七十里，子、男五十里。"这种封建制度始于商，成于周，秦朝建立后为郡县制所取代，从此中国进入了君主专制的中央集权时代。

宋代开国之初，鉴于藩镇割据的祸害，采取了一系列强化中央集权的措施，竭力消除国内分裂状态，却又发生了中央权力过分集中的偏向，过分削减了地方的权力，使地方没有一点机动处置的余地，在军事、行政、财政等方面留下诸多弊端。南宋朱熹把中央集权视为北宋灭亡的主要原因。他说："本朝鉴五代藩镇之弊，遂尽夺藩镇之权，兵也收了，财也收了，赏罚刑政一切也收了，州郡遂日就困弱。靖康之祸，虏骑所过，莫不溃散。"下面简单梳理一下高度中央集权造成的弊端。

首先是军权集中于中央，集中于君主，造成军事指挥不便。北宋初年，为防止兵变，宋太祖规定，枢密院有发兵权而无掌兵权，三帅有掌兵权而无发兵权。对于统兵的将领，则采取临时派遣的办法，并且只给予有限的权力，以使"兵无常帅，帅无常兵"，防止兵将之间结成紧密的同盟，使得将帅的权力受到钳制，兵不知将，将不知兵，指挥不灵，军队战斗力低下。同时，皇帝为了掌握军事指挥权，一方面派文官出任军帅，一方面在战术、战役上指手画脚，结果严重束缚了将领们的手脚，不能随机应变。军权的过度集中，导致了国防中的被动挨打，常败不胜造成国势衰微。张载曾经参与西北防务，对宋朝这种军事体制极为不满。他说："本朝以武臣典强藩，轻战忘患，故选用文臣节制，为计得矣。然寇仇入境，则举数万之甲付一武人，驱之于必战之地，前后取败，非一二而已。然则副总管之任，系安危胜负之速，甚于元帅。而大率以资任官秩，次迁而得，窃为朝廷危之。"因此，他提出了扩大边防将帅权力的方案。

其次是削弱宰相、州郡的行政权，使行政权高度集中于皇帝。宋初在中央设枢密院、三司以分割宰相的军事、财政权，使中央的行政、军事、财政权都直属于皇帝。同时，为了防止州郡长官专权，设置通判予以牵制。通判属于监察职别，而非副行政首长或属官，权力很大，经常与行政首长发生矛盾摩擦，妨碍了地方行政职能的正常发挥，钳制了地方行政管理机构应有的主动性与灵活性。为了进一步削夺州郡的权力，又设四司分掌各路的军事、司法、财赋、民政及赈灾之权，皆听命于皇帝。这些机构设置造成事权不专，彼此牵制扯皮等问题，使得地方政府不胜其扰。总之，行政权力过分集中于中央，分散与削弱了各级机构与官员的事权，势必形成职能分散，机构庞大，官员众多，官费支出不断增大等种种弊端。

再次，变更财税体制，财权集中于中央。宋朝在建国不久即确立了经赋上供制度，由中央核定各州军必要的开支数额，由地方截留经费，其余财物全部要上缴中央。地方在完成额定上供之外，还要向中央上缴地方财政之节余，即"羡余"。同时，削夺州县一级行政官员的财政支配权，设立路转运使担任地方财政的真正主管，拥有实际的地方财政支配权，全权督管一路的租赋、漕运、和买、坑冶、茶盐酒榷及朝廷封桩于地方的财物。随着地方财源被挤压、削夺，各级地方政府本身的冗员、冗费却不断增加，所以州县财政亏空日渐严重。州郡无权、无兵、无财，遇有群盗进袭，无力防御，有的地方官甚至只好开门揖盗，礼送出境。

实践证明，一切事情都由中央来管，地方上事务管理与权力行使不能合理搭配，国家肯定管不好。张载就此提出了"封建分权"的主张，扩大地方的行政、财政、军事权力。他说："天子建国，诸侯建宗，亦天理也。"神宗召见，询问他有关治道的问题，他也说，应该恢复夏、商、周三代的制度，强调"为政不法三代者，终苟道也"。按他的设想，在中央政府统一领导下建立不超过一百里的地方政权，使其具有较大的相对独立的权力，并使之拥有足够的兵力、财力以自卫。诸侯国拥有一定数量的兵力，天子也就没有必要豢养大量的军队了。各诸侯国按照什一之法征收赋税，并按比例向朝廷上缴贡赋。张载说："古者天子既不养兵，财无所用，必大殷富。"同时，地方政府有职有权，有财有兵，能够履行自己的职责，君主就不必事事躬亲，更不需要设置那么多叠床架屋的官僚机构和庞大的军队。因此，张载所说的封建制，其要义不只是分权这个形式，而是精兵简政，事、权统一等具体内容。

对于张载的封建制，目前学术界看法并不统一。如有学者认为，张载主张重建封建，适度分权，其目的只是巩固边防和实行井田的需要。大多数学者从负面评价这一思想，或认为这一改革思路将导致负面效果，在分封制下，治理一个诸侯国，既不简单，也不省事，相反徒增许多官员，赋予封建国家皇帝以更大的权威和统治力量而已；或认为，张载要求分散权力，从某种意义上来说，是老子小国寡民落后倒退思想的反映。

依笔者来看，张载重树封建的设想，是找对了问题，却没有找准对策。在中国历史上，封建制始终无法克服诸侯国叛乱、动摇国本的问题。张载认为，百里之国在实力上不足以构成对中央的挑战，只能是一种极不负责任的理由。当君主昏弱，对地方政府失去有效的监控时，那些没有监督、制约的地方权力势必膨胀，他们为了个人的私利，搞分裂、割据、扩张乃至军阀混战，对抗朝廷。这就必然要走向分封而分裂的老路。但是中央与地方的关系，始终是一个国家政治体系中的重要关系。张载能够认识到政体中的问题，并探索解决之道，这种精神是非常值得肯定的。

在国家政治制度上，宋朝开创了高度中央集权的新体制，这种体制为明、清两代所效法，成为中国近古长期存在的一种国家制度。张载主张实行封建制，目的是用分封制改革君权和中央权力过分集中的问题，重新调整中央和地方的权力关系，分割君主和中央政府过分集中的权力，加强地方政府的权力，使宋代政治体系适应不断变化的环境。所以，从长远来看，张载的探索是北宋以来国家政治体制改革中的一环。

除了调整中央与地方关系，张载的封建说还是针对王安石变法有感而发的。这一层意思往往被人们忽视。王安石的新法，规模宏大，目标高远，而实以理财为中心。新法中青苗、免役、市易等法，现代学者大多强调其社会政策的意义，认为它们具有摧抑兼并的功效，然而究其实际，这几项新法的目标是以社会政策而兼收财政政策的效果，将利权自富家的手中收之于政府，以增加政府的财政收入。由于新法具有财政政策的特色，所以在施行的过程中，便不免以满足政府的财政需求为优先选项，使得实行的结果与原初立法的理想颇有差距，利权虽已收归国家，而贫弱则未见均济，民生反而遭受困扰。这一危害在当时已经被人们所认识。李焘在《续资治通鉴长编》中记载，有人评论这几项新法说："皆良法也。行之数年，天下讼之，法弊而民病。"那个"程门立雪"的杨时也有相同的意见："其施设之意厚矣，然未十有年间，羡余之息，充澄府库，而民反有受其弊者。"张载提出封建制，其中的功能之一是希望中央政府减少政务开支，从而彻底减轻财政负担；而提出的井田制，着眼于均平田赋，则与新法摧抑兼并有异曲同工之处。王安石本来也是希望改革能够"缓而图之"，但是在理财优先的目标下，却每每急于财利。所以，张载在与他讨论变法的情况时，就提醒他要"与人为善"，实行渐进的改良。后来，他与学生讨论王安石的思想，又说他的学问"谋之太迫""质之太烦"，大概有从其思想透视其政治改革思路的意思。在张载的心目中，学问与政治是密不可分的。张载赞成变法，承认王安石的均输法、市易法等，针对当时政治、军事和经济上的问题，确有需要，但这些都是治标不治本，要达到长治久安，必须重视"王政"，就是国家政治体制中的一些根本性的问题。从这个方面来看，张载的视野不可谓不高远。

就北宋整个思想潮流来看，士大夫阶层具有强烈的反思意识，希望对整个社会发展历程和社会制度进行检讨。对于上古三代的景仰，正是建立在检讨历史的基础上的。他们认为，汉唐以来的土地问题、政治问题等，几乎均与秦以来的制度有关。从秦代开始，废井田、废封建，直至后来宗法全废，礼教全无，才造成北宋建国以来的冗官冗员、积贫积弱等诸多问题。从治理层面看，三代是以王道治天下，而汉唐则是以智力权术把持天下。从精神层面看，上古三代强调天下为公，而秦汉以后则是"家天下"，私字当头。士大夫们认为，经历了上千年的制度实践，北宋应该成为一个新的历史起点，重行王道，恢复乐土。这就是为什么张载总是提到秦弊、提到王道、提到三代的重要原因。认识张载的改革思想，不能仅仅把视野局限于北宋社会及其问题，也要看到当时精英人物的胸襟和关怀。

在很多人看来，井田、封建、宗法、礼乐教化是不可分割的整体，共同作用于社会，构成了三代社会的美好图景。所以，张载坚持认为，"井田卒归于封建乃定"，"井田而不封建，犹能养而不能教，封建而不井田，犹能教而不能养"。实行封建，没有世袭制度下的领导阶层是不可能的，所以要重建宗法。这些都是外在的制度设计，如果没有相应的礼乐教化来维系人心，外在的制度是很容易被败坏的，所以要实行礼教。因此，井田、封建、宗法、礼乐教化共同构成了张载礼学思想的体系。

张载对于井田、封建、宗法、礼乐教化等坚信不疑，也与地方文化的浸润有着莫大关系。他长期生活的关中地区，用他自己的话说，是"秦中自古帝王都"，孕育了周代文明，也见证了秦汉的崛起，培养了张载的文化自豪感和使命感。因此在他的抱负里有太公垂钓渭水之叹，在他的游历中有对农神后稷的参悟，在他的笔下有"周家发迹于邠，迁于岐，迁于镐……汉积渐入秦"的历史旅程。是关中文化给了他那份天地情怀，所以当程颐看到他坚持带头，使关中学者用礼渐成习俗的时候，赞叹道"自是关中人刚劲敢为"。这显然是承认了关中文化的独特之处了。张载对于这个"刚劲敢为"自有自家的体会，那就是"天下事，大患只是畏人非笑。不养车马，食粗、衣恶、居贫贱，皆恐人非笑。不知当生则生，当死则死。今日万钟，明日弃之，今日富贵，明日饥饿，亦不恤，惟义所在"。"人又要得刚，太柔则入于不立"，"刚则守得定不回，进道勇敢。载则比他人自是勇处多"。可见，关中文化厚重、刚劲、务实的特点深深地渗透了他。

但是，他的思维始终局限于儒家的思维范式和理论模式中，追求"复三代"，寄望于明君和贤臣，梦想着地主良心发现，实行分封、井田、宗法制，比王安石的新法更没有可操作性，严重脱离了社会现实。

井田、封建之说虽然没有实现，但是宗法制因张载的提倡而获得了长足的发展，礼教也一直是宋以后家族教育中的主要内容。这说明，礼作为调节公共领域的工具在很大程度上已经失去了它曾经具有的力量，但在私人领域及相关部分仍然保持着旺盛的生命力，后来儒家研究礼也基本上局限于私人领域了。这个过程是不自觉地实现的，张载在里面充当了分水岭的作用。

第 6 章

变 化 气 质

对于个人而言，学习儒家经典，不断在生活中去实践，他的目的是什么？张载说，最重要的是变化气质，不断提高自身的修养，体现、扩大自身固有的天德良知、天地之性。

人从天地有气质

气质是什么？变化气质为什么这么重要？中国古代人看待身体的传统，与西方不同。西方自古希腊以来，就从解剖学的角度，把人看成肌肉骨骼的组合。中国人认为，身体是气、脉、穴的经验感知和思想观念，是一种内在的精、气、神的流布与呈现。所以张载提出，不只是人，天地、万物都是由气体凝聚而成的，就是说明了人与天地万物的同质性。所谓"天地大人身，人身小天地"，就是这个道理。"质"是指气的进一步凝聚，是气的不同组合构成的具体表现，所以不同的生命有不同的"气质之性"。

人与万物都继承了天地之气，但是人也有独到的地方。早在战国时代，大宗师荀子就说："水火有气而无生，草木有生而无知，禽兽有知而无义，人有气、有生、有知，亦且有义。"水火、草木、野兽跟人一样，都是由气聚合而来，但是人与它们既有相同之处，又有超越的地方，那就是人有"义"，多了精神层面的正义。比荀子生活的年代还早一百年的孟子，就提出要"养气"，我们今天常说的"养吾浩然之正气"就是从孟子来的。现在我们也把修身说成养气，是有传统的。养气就是要变化人的气质之性，改善人的精神。

人性与天性在本质上是统一的。张载说："天性在人，正犹水性之在冰，凝释虽异，为物一也。"天性和人性的关系就像水和冰的关系，在本质上是相同的，是连同一贯的。在此基础上，张载提出了天地之性与气质之性的分别。这是他对人性的双重设计，超越了前人。历史上，孔子第一个提出"性相近，习相远"的人性论命题。孟子作了进一步发挥，提出了性善论，认为人人心中都有先天固有的"善端"，包括恻隐之心、羞恶之心、是非之心、辞让之心等，它们是个人道德感产生的内在根据，奠定了儒家以心性为基础的"天人合一"的主体人格修养论的基础，但它却无法解释人性之恶，以及其如何产生这个难题。于是，荀子就以性恶论加以反对，认为人性本来是恶的，但可以改造。因此他强调要"化性起伪"，用理智、礼法来权衡欲恶，通过学习教育来培养德性。到了汉唐，董仲舒提出"性三品"说，扬雄提出了人性善恶混杂说，李翱又进一步提出"性善情恶"论。但无论是性善论还是性恶论，都只是从人本身出发，即从伦理的角度说明人性问题。张载则把"人性"与"天性"相联系，即从宇宙本体高度说明人的本性及存在。有研究者认为，张载把人性区分为二，既继承了孟子的性善论，又吸取了荀子的性恶论，从而为主体人格达到形而上的超越奠定了基础，也为现实的封建道德秩序的存在提供了更新的理论说明。无疑这种二重的人性论比以往儒家各种形态的人性论都更加精巧、哲理化了，并且从人性高度为理学重新建构以人的伦常为本位的孔、孟之道奠下了一块重要基石，为宋以后的儒学家提供了具体的理论模式，中国历史上的人性论基本定型。

何为天地之性？张载有言："和乐，道之端乎！和则可大，乐则可久，天地之性，久大而已矣。"所谓和，就是能与天地齐和，是一种纯粹至善的状态。所谓乐，不是指情绪上喜怒哀乐的喜乐，而是一种内在的清灵纯净的喜悦。所以，天地之性是人性的根本，是一种至善的、纯净的状态，因此它具有普遍性和持久性。这种至善至纯的天地之性，是人性在道德实践中的最终价值取向，一个人若还是持一己之私，就无法与天地同流。

与高层次的完美至善的天地之性相比，气质之性是低层次的善恶相间的状态，表现为人在行为和气度上的刚强或柔弱、迟缓或速急，在才智上的聪明、愚笨等，这是由于元气受到了杂染或者配型出现了偏差而造成的。在张载看来，气质之性是生物由物质本性决定的生理本能、生存本能，落实在现实生活中就是人对物质生活的需求和欲望。他充分肯定人正当的生理和生存欲望，主张"饮食男女皆性也，是乌可灭"；而反对气质之性中的恶，即不加节制的欲望和需求。牟宗三这样评价张载的这一思想："气质之性，依横渠说此词之意，是就人的气质之偏或杂，即气质之特殊性，而说一种性。在中国传统思想中，自'生之谓性'一路下来而说的气性、才性之类，都是说的这种性，宋儒即综括于气质之性，西方人所讲的人性（人的自然性）亦即这种性。"此气质之性"不能随便忽视和抹杀，故不得不就之而说一种性，此即气质之性一名之所以立也"。变化气质的目的是摒弃不加节制的欲望和需求，逐渐去除人性之中的恶，使人性本善全然呈现。也可以说，变化气质是要把天地之性从气质之性中清理出来，以保持天地之性所固有的善性。君子追求人性的善与美，把天地之性看作理想的人性，变化气质就是做这种剥离工作。

张载把人性划分为天地之性和气质之性，并不是想在天地之性之外，再立一个气质之性，只是为了把人性的善恶和贤愚等现象说清楚。所以有人说，张载的天地之性和气质之性，二者不是截然不同的事物，而是人性的两个层次。天地之性是气质之性的根源，不是在气质之性以外的另一个性。也有人认为，天地之性作为气的普遍本质构成人与天地万物的本性，而气质之性则体现出每个人身上的特殊气质；天地之性普遍而永恒，而气质之性则随气的聚散变化而变化不定；前者是后者的本原，后者由前者派生出来；天地之性虽是全善的，但"气之偏"会障蔽"天地之性"，使其中的善质无法完整体现，从而使个体出现良莠不齐的状况，这就是人性恶的根源。还有人理解为，天地之性虽然表现出超越人的普遍性，却也蕴含于人本身之中，表现为内在性，二者是有机统一的，成为人走向善的根基。这构成了张载人性论的根本特征。

天地之性与气质之性的区分，从理论上说明了普通人身上何以会表现出种种的不完美性。有了天地之性和气质之性，我们就可以理解，万物本原是至善至美的，而由于气化滞碍的作用，我们人类或万物才有了差别和各种各样的缺陷。换句话说，区分天地之性和气质之性并不是张载的最终目的，而只是他向人们指明人生奋斗的方向——变化气质，追求完美的人性的一种手段。

因此，张载接下来进一步指出，万物之中，只有人有机会摆脱气质之性的限定，超越凝滞的生物性限制，获知"天地之性"，重新发现良知。这就是他说的"形而后有气质之性，善反之则天地之性存焉"。人有思维的能力，能够自我反省、自我批评，可以转变"气质"，返回原初最清通的状态，这个过程就是变化气质。这是与孔、孟一脉相承的思想。自孔子提倡人性自觉和精神提升以来，人性的善恶之别、如何实现性善等理论、观念成为很多思想家思考和实践的大命题。孔子讲，人能弘道，教导人们用心力去弘扬那些富蕴生命智慧的道理；孟子也教导人们要极尽心思去了悟人的本性，因为人性、天道是可以沟通的。张载在如何修身养德、变化气质的思路上转回到孔、孟，可见他对儒家思想的服膺与贯彻。他认定这个宇宙和社会是道德的创造，道德是社会发展的决定性基础，也是个体维系社会交往的重要纽带。

儒家对道德的认识十分深刻，且被奉为信仰。自孔、孟以来，儒家便不间断地在道德价值意识中建构理论系统。《论语》中讲："克己复礼为仁，一日克己复礼，天下归仁焉。""弟、子入则孝，出则弟，谨而信，泛爱众，而亲仁。行有余力，则以学文。"这些话语都是要求人们以良好的自律能力，实践道德，符合社会行为准则的要求。孔子当时特别强调礼，是因为在宗法社会中，礼是自然、社会秩序和价值的根源，遵守礼的规范，就是彰显本性，所以人们在日常生活中要接受礼的制约，同时以孝、悌、仁等种种行为作为实践礼的主要表现。人只有具备了仁人德性，方能建立起理想完美的人格和人性，并且在人伦日用中体现礼所代表的根本价值，达成天下归仁的理想世界。到了《中庸》，提出人性的道德境界是至诚。所谓"唯天下至诚为能尽其性。能尽其性，则能尽人之性。能尽人之性，则能尽物之性。能尽物之性，则可以赞天地之化育。可以赞天地之化育，则可以与天地参矣"。这是说诚是人性的本质，由诚而发就是自本性中出，由内而外，是自我教育的过程。孟子以人性善作为基本假设，从人有恻隐、羞恶、辞让、是非等心理上的表现，说明仁、义、礼、智等价值的来源；提倡修身、存心、养性，通过心性的实践，达到与天地同参、宇宙同流。从此以后，儒家的道德价值意识无不以和合天命之性为主要说明。

张载作为北宋儒学大师，继承了《论语》《孟子》《中

126

庸》以道德意义谈人之本性的传统，认为诚明之德即是宇宙间的天德良知，是人伦道德的崇高依据，因为天道之诚下落于现实人生，被赋予仁、义、礼、智等人伦道德内容，至诚是理想的道德境界。变化气质，就是以"天地之性"改造"气质之性"，把人的欲望置于道德的控制下，从而使"气质"变好。他说："变化气质，孟子曰'居移气，养移体'，况居天下之广居者乎！居仁由义，自然心和而体正，更要约时，但拂去旧日所为，使动作皆中礼，则气质自然全好。"这就是说道德修养对"变化气质"极其重要。

中和清通感渐来

人类社会的历史基本证明了道德在社会发展中的起源和重要作用。自从人们开始组织社会联合体那一刻起，人与人之间日益增强的交往能力就成了人类生存斗争的武器。联合体渐渐排斥那些以追逐私利和掠夺为主导的人，并使他们逐渐消失，同时使得那些具有社会化能力的人存活下来，自此后人们更加强大，因为他们可以利用整个联合体的力量。理解了这一点，就可以很好地理解儒家为什么对道德如此重视了。从这里出发，就可以清楚地看到，变化气质之所以重要，是因为身体是社会、政治生活的起点，只有修身——不断地完善自己，返回到天地之性，才能齐家治国平天下，也就是不断地维护社会联合体的发展壮大。个体因为社会联合体的壮大，而更为有力，也更为幸福。

张载说，气的最高品质是沉静合一、中和清通。两汉时期，人们品评人物，就开始用气的理论，如当时的大师级人物刘邵指出："凡人之质量，中和最贵矣！中和之质，必平淡无味。故能调成五材，变化应节。"认为中和是气的最高品质，达到中和的人基本上是圣人级别的，其性中和清通、变化无碍、沉静平淡，这些属性与张载的理解很接近。所以，变化气质的最终目的是提升人格境界，改良人性，学做圣人。

就过程而言，张载的变化气质赋予人突破自然限制的意义。他要人们化浑浊凝滞为清通至极，把个体性的气质之性全化为普遍性的天地之性，逆反了上面提到的宇宙自然生化的过程。一个人要提升自我、改变自我是可能的，但是他必须在自然产物的气质之性上面下功夫，转化、清通，最后恢复到本体论意义的元始、先天的状态。变化气质不仅仅是美学意义上增加了体态之美，更是深入人的气性，让全身精气神的结构发生彻底的转变，这是极为艰巨的工作。但是，张载一再强调，人人具有"天德良知"，人们应该懂得"德胜其气"的道理，以道德勇气来克服气的先天限定。

当时，人们接受佛学界的观念，崇信人人都有佛性，即每个个体都蕴含有成佛的本质，只是一般人由于无明覆盖而不能有所体证而已，那么张载的"天德良知""天地之性"不是等同于佛教所言的佛性了吗？佛性的理论前提与内涵是与中土固有的性论迥然不同的。除了否定现实之外，佛性论多次批评本土的气禀说，"释以森罗万象，并由缘生；儒道以富贵吉凶，皆由气命。禀气者，不可改易；禀缘者，则可增修"。这种批评对汉代以来沉沦于命定论的气禀说是一个沉重的打击。张载也认识到了这一问题，认为"当自立说以明性，不可以遗言附会解之"，须重新阐发"性"的新义。他研究发现，佛性论其实是有缺陷的。由于佛性论者不承认世界的实在性，虽然能够体虚空为性，能够追求事物的内在超越性，但由于他们的理论基础站不住脚，因而其佛性也是错误的，只能造成形性、天人相分。只有从阴阳变化论性，才能正确展示此"性"的内涵。首先，天道有神、有化，而天人共贯于阴阳生化，所以性与天道是两个相等的概念。张载《横渠易说》中说："天道即性也，故思知人者不可不知天，能知天斯能知人矣。"其次，性也有两个层次：相当于天道之"神"的性，此"性者，万物之一源，非有我之得私也"；而相当于天道之"化"，处于阴阳变化的具体过程中的"性"，则是各个不同的。性的两个方面是相互关联的，正犹天德之"神"与天道之"化"的关系一样，两性不异不一，既不能等用，又不能截然分离。《中庸》说"至诚为能化"，孟子说"大而化之"，都是"性"二分而一统的典范。

要了解张载变化气质的思想，还要搞清楚他对"变化"的认识。"变化"在现代也作名词，人们经常说"你最近变化挺大"，而在古代这个词是个动词词组，即"变之化之"。张载指出，宇宙中的一切无不在变易之中，"变化"正是用来描述事物的运动不息，其清晰可辨的称为"变"，其细推密移而难以察觉的称为"化"。比如，一年四季的春、夏、秋、冬之交替，这是变，而通过一日复一日、一月复一月的推移完成季节更替就是化。所以，变化的过程是质变与量变的统一过程。就此而言，张载反对佛教"放下屠刀，立地成佛"的观念，因为它违反了变化的基本规律。比如雷霆万钧，变化速度迅猛剧烈，但也有一个能量蓄积的漫长过程。变是由化而来，"暴"也由"缓"而来。张载认为，变化一定要有物质基础，遵守时序规则。这就是他所说的，"天之化也运诸气，人之化也顺夫时"，变化是连带着"气"和"时"的。变化与气、时的结合构成气的聚散、升降等系列过程。假如一个人能够虚心明德，持之以恒，变化气质，处处符合变化过程的要求，就可以完善人性之美，实现活着的价值。

从太虚之气到万物生成是有规律可循的，张载称为"天序""天秩""天道""天理"等。天序指的是事物生成变化的先后顺序，天秩指的是事物在空间的大小、高下等排列组合。天道和天理的意思基本一致而稍有差异，天道指的是事物运动的规律性，天理指的是天地之气运动变化的条理。不过，太虚之气、自然界的变化是那么神妙莫测，人的认知又是那么有限，所以张载对这种微妙变化极为感叹，曰："气有阴阳，推行有渐为化，合一不测为神。"现代哲学家张岱年指出，张载以"善言神化"著称，他所谓神就是《易传》《荀子》所讲的神。《易传》讲"阴阳不测之谓神"，"神也者妙万物而为言者也"。就是说，阴阳、万物的变化达到了玄妙莫测的地步，超出了人们的想象。荀子也持有这样的观点，他在研究自然演化的时候说："列星随旋，日月递照，四时代御，阴阳大化，风雨博施，万物各得其和以生，各得其养以成，不见其事而见其功，夫是之谓神。"张载也说："惟屈伸、动静，终始之能一也，故所以妙万物而谓之神，通万物而谓之道，体万物而谓之性。"通过"神""道""性"等多个词的排比运用，张载极言种种运动变化的潜能是多么奇妙、规整、自然。

气质变化的机制是"感应"。他在《正蒙·太和篇》中说："气本之虚则湛一而无形，感而生则聚而有象。"太虚之气并非一下子就能产生万物，要经过感应的环节。有人认为，张载的"感应"有两层意义：一指矛盾两方面之间的相互感应、相互影响、相互作用，是"自然"的客观存在；二指矛盾两方面"相应而感"，必然引起事物变化，形成新的统一体。张载又认为，"感应"有多种复杂的情况：有以同情心所致的感应，如具有高尚道德的人感怀人类，悲天悯人；有以异性相吸获致的感应，如男女的爱情与生育；此外还有相悦而感、相畏而感等情况。

真正理解张载的变化气质思想，还应从更高的层次来审视。从上面的论述，可以隐约地看到，张载的气质理论，还包含着另外一层意思。既然天地万物都是气化而成的，万物之生灭都是气的聚散，那么万物中类与类的差别、种与种的区分，在气的层次、本原的层次上就消失了。同时，张载还说，这个世界中的一切都无时无刻不在变化之中，没有一个事物是静止不动的。那么人是如何生活在这样一个世界之中呢？张载告诉我们，首先要自觉地变化气质，争取完美；其次要体验万物一体，发扬爱心，把对于自己的爱变成对国家社会、全人类的爱，进而变成对整个宇宙的大爱。一个人生活在世界上，最重要的是要能够扩展他的心灵，舍弃物欲、自私的牵绊，取消人我的界限，与天下万物同呼吸共命运，实践天下一家、民胞物与的道德修养，进而推己及人，成就兴灭继绝的大功德，使社会和谐安宁。这是变化气质的最终归宿。

知礼成性须克己

变化气质的方法之一是"知礼成性"。"知礼成性"的命题，是张载早年在解释《易传》"知崇礼卑，崇效天，卑法地，天地设位，而《易》行乎其中矣"的思想时引申发挥出的。他说："知礼成性，则道义自此出也。"后来，他在自己一生的著述及讲学实践中，又从各个方面作了反复论证，进而形成一个完整的理论学说。张载很重视礼在"成性"中的作用，认为"礼"虽然是由人制定的，但它"本于自然"。它既是典章制度，又是人性的本原。他还把礼归于"理"，既是"气"在运行过程中表现出来的"顺而不妄"的规律，也是"天理""天道"在现实生活中的体现，是制定道德规范的依据。所以张载说，我之所以教学生们先修习礼，是因为学礼可以使人去除世俗、习气的熏染。不过，学礼并不仅仅是为了从外在约束人的行为，使人被动地遵守社会的规范，更是让人在学礼、守礼、行礼的过程中，使外在行为自觉地合乎内在的天德良知。这就是张载所说的"合内外而成其仁"。"知礼成性"就是用既合天道又合人道的礼来培养造就人，使人的"天地之性"充分发展。从礼既是天道规律，又是合理的道德规范，所以持礼可以治国，可以成性。

张载将"以礼成性"推行在现实生活中，他在教学中"多告人知礼成性、变化气质之道"。在生活中他推行设礼、明礼、守礼。二程曾说"子厚以《礼》教学者最善"，可见张载对礼的重视程度。

对礼的认识，即"知"的过程有好几种，如"见闻之知""德性之知"。所谓"见闻之知"，是指来自感觉经验的知识。张载肯定它在认识中的作用的同时，认为它并非真"知"，这是因为"性与天道"是无限的，而人的见闻却是有限的，以有限之知怎能体认无限的"性与天道"呢？要做到体悟"性与天道"，就要启用德性之知，用心灵去感悟，就是把主体之心扩大到与天地万物为一体，从而打破主客界限，穷尽万物之理。他说："大其心，则能体天下之物，物有未体，则心为有外。世人之心，止于闻见之狭；圣人尽性，不以见闻梏其心，其视天下，无一物非我。孟子谓尽心则知性知天，以此。"发挥德性之知，必须懂得"正心""养气"。"正心"就是廓清心中私欲，做到毋意、毋必、毋固、毋我，保持"虚心"。"养气"即养"浩然之气"，去恶积善。因此，"正心""养气"过程也即进行心性修养的过程。知礼就是要做到人的"内在良知"与礼的结合，并通过礼扩充于善，进而达到圣人境界。张载说："非知，德不崇，非礼，业不广，知礼成性道义出，修持之道，既须虚心，又须得礼，内外发明，此合内外之道也。"知与礼对于成性缺一不可。因此，必须知礼结合，才能成德成性，形成理想人格。

张载还强调学习对于变化气质的重要性。他说，人无不善，人人皆可以通过后天的学习转变个人的气质。"如气质恶者，学即能移"，气质不好的人通过学习就可以获得改变，可以通过"强学以胜其气习"。那些自以为个人的习气嗜欲较重而不能成圣成贤的人，只是划地自限。所以"变化气质"的另一个方法是"克己"和"学习"。人不能"克己"，想做的事往往做不到。"克己"要通过学习，获得道德教育才能实现。他又说，"为学大益，在自求变化气质，不尔皆为人之弊，卒无所发明，不得见圣人之奥"。还说，变化气质，达到完全的善性，一定要走博学之路。所谓，"读书则此心常在，不读书则终看义理不见"。很多人在做人的方面没有进步，是因为不知"学习"。张载将"四书"及"六经"都列为人们应该时常阅读的经典书目，将书籍的阅读由知识的积累提升至德性的转化。当然，他不是叫人死读书，而是认为明察人伦物理，广博地学习，都是穷理尽性的方式。

关于学习方法，张载提出六句格言："言有教，动有法；昼有为，宵有得；息有养，瞬有存。"就是说，学习要从规范自己的言行做起，无论什么时候都不能懈怠；学习要有方法和目标，要注意反思、反省，要注意时时体会。关于学习还需要防止四种偏向："学者四失：为人则失多，好高则失寡，不察则易，苦难则止。"就是说，学习的动机是为了夸耀自己，就会贪多不化；追求不切实际的高远目标，就会收获甚微；不了解知识的深浅程度，就会盲目乐观；畏怯学习中的困苦和难题，就会半途而废。张载对"学习"以变化气质的阐述对学人是一种极大的激励。他还说"仲尼发愤而化至于圣"，"圣人设教，便是人人可以至此"。只有努力学习，按照人的本性，每个人都有达到最高修养境界的可能，人人可以成为尧、舜。

在知礼成性和学习成性的过程中，最重要的是要做到穷理尽性。穷理尽性是张载思想体系中的一个重要命题。该词源出《周易·易传·说卦》"穷理尽性以至于命"。张载对它进行了发挥，认为"穷理亦当有渐，见物多，穷理多，如此可以尽物之性"，把"穷理尽性"区分为三个不同层级但又互相连接的阶段。第一阶段是"穷理"，所穷究的终极真理为天理，客观世界中的万事万物无不被包容在这个天理底下，所以穷理必须要在日常对客观万物的接触当中逐渐达到对于天理的体验。这种穷理是一个广义的学习过程，所以张载又说："穷理即是学也，所观所求皆学也。长而学固谓之学，其幼时岂可不谓之学？直自在胞胎保母之教，已虽不知谓之学，然人作之而已变化以化于其教，则岂可不谓之学。"因此我们可以知道穷理的方式无他，不出读书、学习、观摩、模仿的范围。第二步"尽性"，启发人先天所特具的道德禀赋。张载说："尽其性，能尽人物之性。""心能尽性，人能弘道也；性不知检其心，非道弘人也。"人所特具的道德禀赋被启发后，不仅能尽人尽物之性，同时能使人掌握到自己的自主性，弘人弘道。通过穷理与尽性的两个阶段后，最后达到"诚明"的境界，实现对天命的最终体悟。

张载的穷理尽性与佛教唯心世界观有着很大的差别。在第一阶段就已经和佛教世界观相扞格。以禅宗的顿悟说为例，六祖《坛经》云："故知一切万法，尽在自身中，何不从于自心顿现真如本性。"客观世界的一切万法包含真如本性已在自身当中，这种真如本性可以不待穷理的学习过程而直接从自心顿悟，这样就把从穷理到尽性的功夫过程排除在外。张载批判佛教的唯心论，"儒者穷理，故率性可以谓之道。浮图不知穷理而自谓之性，故其说不可推而行。"意即如果不先从客观知识上的学习（穷理）下功夫，而用所谓顿悟的方法，追求所谓的"顿现真如本性"，那么便少了认识上的功夫历程，这也正是张载认为佛教唯心之论不可推行的原因。不过，张载并没有完全否认佛教的唯心思想，他认为佛教理论只适用在那些能尽性而诚的得道者身上，因为他们不需要通过穷理就能尽性。这种人是性情清净明洁的、禀性无丝毫杂质的"圣人"与"君子"。所以在尽性的第二阶段功夫上面，张载对于佛教理论基本上是采取肯定的态度。但是，一语及"实际"（第一阶段功夫的客观认识），佛教以空为性，"以人生为幻妄，有为为疣赘，以世界为阴浊，遂厌而不有，遗而弗存"，那么纵然佛教徒能尽性，也不过是"诚而恶明者也"。反观儒者则"因明致诚，因诚致明"，能够做到"天人合一"。而要达到天人合一的最终境界，"明"与"诚"两不可废，穷理与尽性之第一阶段与第二阶段功夫相依相存，才能像圣人一般"得天而未始遗人"。显然，佛教在这一点上是做不到的，因为它否定了对客观世界第一阶段穷理的认识功夫。

圣贤气象最高层

张载的"变化气质"说基本上被理学家所接受，但程颐等人较常用的概念是"养气"。在中国人性学说史上，最早划分气质之性与天地之性（或言性）的是张载与程颐，他们两人所理解的气质之性，内涵大致相同。两人都强调构成人格的"性"具有特殊的轻厚、清浊、缓急、内向外向、阴柔阳刚等倾向，它们都是气化的自然产物。在个体的成长过程中，这些先天的气性和来自经验的种种熏染、模仿交错纷杂，使每个人的性格向着更分殊的方向发展。因此，没有任何两个事物或人是相同的。但是他们两个人用语有别，也显示了二人的理论偏好不同。张载的气与本体是同一的，所以强调如何转化它的性质，使气由浑浊变为清明。程颐的气是形而下的，要接受理（或道德意识）的指导。他的思想是从孟子的养气理论中体悟出来的。孟子在《知言养气》章提出一连串跟身心修养有关的重要论点，其中最重要的一项就是道德意识与形气密不可分。符合人性本质的道德意识会带动气的流行、充实、饱满；而真正圆满充实的形气也要配合道德意识，才可以充分地完成自己。自我完成的气是浩然之气，自我完成的形躯是践形。程颐特别称赞孟子养气理论的重大贡献，表明了继承的关系。他说："孟子有功于圣门不可言。如仲尼只说一个仁义，孟子开口便说仁义；仲尼只说一个志，孟子便说许多养气出来。只此二字，其功甚多。"

张载的变化气质最强调"知礼成性"，程颐则强调态度的重要。在"养气"功夫中，态度恭敬绝对是极重要的一环。因为程颐重视的是日积月累的渐教功夫，所以体气的凝聚、心思的集中、行为的专一，这点点滴滴的功夫都是不可少的。"'圣人修己以安百姓''笃恭而天下平'。惟上下一于恭敬，则天地自位，万物自育，气无不和，四灵何有不至？此体信达顺之道。"修身到可以参赞天地，气无不和，这是极高的境界，也是养气功夫所希求的最高层次。"上下一于恭敬"指的是周身的凝聚庄敬，精神流贯手足四肢，它对养气非常重要。此外，程颐还强调格物致理的重要性。他认为，一定要格物穷理，由理知义，由义裁事，此心才会活泼，代表生命力的气也才会茁壮成长。

后来，南宋的朱熹、吕祖谦在接受了张载和程颐的学说之后，进一步提出了"圣贤气象"，作为变化气质（或养气）的最高境界。圣贤气象的核心是追求真理，以"理"指导行为。此外，在行为表征上应从容不迫、自然祥和、教人以理、重义轻利、崇公抑私、讲究礼仪等，这些是由发现真理、实践真理派生出来的。在《近思录》卷十四《圣贤气象》中，共有十五位圣贤，依次是尧、舜、禹、汤、周文王、周武王、孔子、颜子、曾子、子思、孟子、周敦颐、程颢、程颐、张载。荀子、扬雄、毛苌、董仲舒、诸葛亮、王通、韩愈七人都有根本性缺陷，所以不是圣人。这种抬高北宋思想家的做法，与两宋时期反思汉唐经验，重视理论创新的趋势有关系。同时，朱、吕认为程颢是宋朝最具有圣贤气象的人物，因为他孜孜以求于道，能够明道达理，能以道理教育后学，能依道为官施政，待人接物和善有常。至于张载获选的理由是，他能与君民国家同休戚——"闻皇子生，喜甚。见饿殍者，食便不美"；探索不倦，求道不息；不求功名，追求道理之学；传授圣道，在教育学生时"多告以知礼成性、变化气质之道，学必如圣人而后已"；气质刚毅，德盛貌严，待人诚厚。

张载的变化气质思想与现代社会学的社会化思想极其相似。社会化通常是指个体在社会的影响下，通过社会知识的学习，获取社会经验，养成社会认可的心理—行为模式，成为合格社会成员的过程。社会化理论里包含了对人性的三个基本假设。首先，人是一种生物有机体，是一种具有生理活动、需要、潜力和局限性的生物。因此，社会化的影响一方面为生物因素所支配，同时也受到生物因素的限制。其次，人独具符号表示能力。这里的符号表示能力，是指人可以任意把意义加之于事物、声音、语词和行为之上，这些意义和对象本身没有固定的联系，这种联系是人创造出来的。人通过学习这些符号，具备了可以跟群体成员交流的能力，并积累知识。再次，人只有在群体中才成为人，或者说群体通过社会化改变了人的有机体。社会化是一个从童年到老年持续一生的过程，其中道德社会化、政治社会化等是它的主要内容。从社会化的角度来认识，张载的穷理尽性、克己、知礼、学习等方法，就是在家庭、社区、朋友群体等社会生活以及其他经济、政治生活中，认真学习社会规范，深刻反省自身，自觉克制自己的不良行为，消除、制约习俗造成的不良影响，成为一个被社会所接受，受社会欢迎的成员。

与社会化思想一样，"知礼成性，变化气质"也强调社会规范对于个体行为的形塑作用。美国社会心理学家米德说过，某人作为人存在，因为他属于一个共同体，因为他接受该共同体的规定并使之成为他自己的行动。他用它的语言作为媒介借此获得他的人格，然后通过扮演所有其他人所具的不同角色这一过程，逐渐取得该共同体成员的态度。在某种意义上，这便是一个人人格的结构性。各个体对某些共同的事情有某种共同的反应，当个体影响其他人的时候，那些共同的反应便在他身上唤醒，就此而言，他唤起了他的自我。因此，自我所依赖的结构性便是这一大家共有的反应，因为一个人要成为一个自我必须成为一个共同体的成员。这些反应是抽象的态度，但它们构成了我们所说的人的品格。它们给了他我们称之为他的原则的东西，共同体所有成员对待这些原则的公认的态度便是该群体的价值观。他把自己置于泛化的他人的位置，后者代表了群体所有成员的有组织的反应。正是它指导着受原则控制的行动，而具有这样一组有组织的反应的人便是我们在道德意义上所说的有品格的人。这里所说的共同体的规定，其地位与儒家所说的礼差不多。"泛化的他人"是指人的社会性，社会性是人的主体结构的成分，但其来源却是社会。"道德意义上所说的有品格的人"指的是个人人格能够普遍化，涵盖全体社会价值的人。就"社会规范是人格建构的有机成分"这一点而言，儒家的立场与米德的立场完全一致。儒家始终认为，"礼"是人格建构的核心因素。只是张载强调礼的内在根源性，理学家们也从心性论的观点着眼，而社会学家承认人格成长的社会根源。

按照张载的思想，人心、社会及自然的礼具有同构、同质性，所以一个人如果能够尽心知性，充分体现他的自我，原则上他也就体现了社会的价值与自然的价值，因此个人的道德成就也就具有了米德所说的"普遍性"。由于"礼"的核心是社会共同体的价值，而"变化气质"又必须依赖知礼，所以变化气质的过程以及结果就不可能不受到社会的制约。一个人的气质因此必然会带上社会的印记，其人格也必然会承袭文化的传统。同时，随着时代风气、社会处境的变化，礼的内容与形式也发生着相应的变化，人的气质必然会发生种种相应的变化。这是圣贤气象在不同时代有着不同体现的原因。

当然，社会化思想和变化气质说的差别也是显而易见的。社会学的社会化理论着眼于人在群体中完成生物人到社会人的过程，群体是一个巨大的结构性力量，影响、制约着社会成员的心理、生理发展，目标是塑造合格的社会成员；而张载的变化气质是要洞见天理人欲在生命中的纠葛缠绕，把人生作为一个不间断的道德抉择历程，启发人的道德自觉性。在他看来，有志于学习者，首要学习的就是要成为一个顶天立地、不愧为"人"之名的仁人。所以，他的"变化气质"是不断去除气质之性中的恶，恢复天地之性的过程，而恢复天地之性的过程又是成性、成圣的过程。也就是孟子所说的，"尽其心者，知其性也，知其性则知天矣"，通过尽心以求得知性知天。用张载的话讲，是"大其心而能体天下之物"。"大其心"的关键是尽心，或尽性，而不为"闻见之狭"制约了视野和心怀。为"闻见之狭"所限之心是"小心"，不为"闻见之狭"所限的则是大心，一颗伟大的道德心灵。在社会剧烈变迁中，发现人性自我完善的力量，促使自己不断追求进步，从而促进社会的整体进步，是极为重要的。这也是儒学给中国文明和世界文化的重要贡献。

第 7 章

民 胞 物 与

《西铭》原是大文章

一个教师的伟大，可能不在于他教出了多么伟大的学生，而在于他用什么样的思想和理想教育人。张载的教室内有东、西两扇窗子，窗子上各写了一篇指导学生的文章，东窗上的文章名《砭愚》，西窗上的文章名《订顽》，都是改善愚顽者的意思。后来程颐分别为这两篇文章取名《东铭》《西铭》，意思是东、西窗上的格言，后来张载的学生编辑《正蒙》时，把这两文合并收入《正蒙》中作为最后一篇，并取其首二字，称为《乾称篇》。

《西铭》可能是北宋以来影响至巨、广受赞扬的一篇论文。此篇一出，程颢就立即称道说："《订顽》之言，极纯无杂。秦汉以来，学者所未到。"又说："《订顽》一篇，意极完备，乃仁之体也。"两篇文字虽大抵皆古人语录中集来，但全部引证事例都出自儒家典籍，在学术思想上与佛道二家严格区分，因此维护了儒家的尊严。后来，程颢又说："《西铭》某得此意，只是须得他子厚有如此笔力，他人无缘做得。孟子以后未有人及此。"程颐对它的推崇远远超过了韩愈的《原道》，而后者在中国思想史上声名显赫。他说："孟子之后，只有《原道》一篇，其间言语固多病，然大要尽近理。若《西铭》，则是《原道》之宗祖也。《原道》却只说道，元未到《西铭》意思………自孟子后，盖未见此书。"康熙皇帝在《御制性理精义》中，也肯定"张子《西铭》乃有宋理学之宗祖，诚为《语》《孟》后仅见之书……使学者知道理之根源、学问之枢要"。《西铭》如此著名，后来甚至还被收为中学公开考试的课程内容。

在现代人的常规思维里，一篇影响如此大的文章，应该是多大的部头啊？说来也怪，中国的思想家往往利用很少的语言道尽人间真理，张载也不例外，《西铭》全文不过253个字：

乾称父，坤称母。予兹藐焉，乃浑然中处。故天地之塞，吾其体；天地之帅，吾其性。民吾同胞，物吾与也。大君者，吾父母宗子；其大臣，宗子之家相也。尊高年，所以长其长；慈孤弱，所以幼其幼。圣其合德，贤其秀也。凡天下疲癃残疾、茕独鳏寡，皆吾兄弟之颠连而无告者也。于时保之，子之翼也。乐且不忧，纯乎孝者也。违曰悖德，害仁曰贼。济恶者不才，其践形惟肖者也。知化则善述其事，穷神则善继其志。不愧屋漏为无忝，存心养性为匪懈。恶旨酒，崇伯子之顾养；育英才，颍封人之锡类。不弛劳而厎豫，舜其功也；无所逃而待烹，申生其恭也。体其受而归全者，参乎！勇于从而顺令者，伯奇也。富贵福泽，将厚吾之生也；贫贱忧戚，庸玉汝于成也。存，吾顺事；没，吾宁也。

不同的学者从《西铭》看到了不同的意义和价值。当代思想家韦政通这样评价道："《西铭》全文最可贵的是因为它表现了'民吾同胞，物吾与也'的博爱精神，人之所以能有这种精神，是基于'天地之塞，吾其体；天地之帅，吾其性'的天人一本的形上肯定。《乾称》下篇所说的'万物本一'也是同样的肯定。至于'尊高年，即以长其长；慈孤弱，所以幼其幼。……凡天下疲癃残疾、茕独鳏寡，皆吾兄弟之颠连而无告者也'云云，则为博爱精神的具体说明，也就是能体天之德的表现。这样横渠使天人合一论，不只限于成圣成贤的修养，也包括仁爱与民本精神的发扬，而达成成圣成贤的终极目标。这是一个新的发展。"季羡林先生提到张载的"民胞物与"时，认为"民"绝不局限于中国人民，而包括全世界人民，"物"包括所有的动植物；而最重要的是人与万物之间是一种伙伴关系，而不是征服、被征服的关系，这是中西最大的区别。因此，《西铭》不仅充分表现出至高至大的博爱精神，而且表现出一种平等精神。

天下本同一家亲

到底什么是《西铭》的真意，可谓仁者见仁，智者见智，不仔细阅读原文则不可能理解它的真意和要表达的思想。在整体结构和义理上，笔者同意南宋大儒朱熹的意见："《西铭》前一段如棋盘，后一段如人下棋。"《西铭》的前一部分讲到生命的来源，理想的社会及和谐状态下的人与人关系；后一部分谈一个人在这样的社会中"应该"怎么去做人，用了不少典故去激励人的精神。下面我们用现代汉语来看这段千古雄文：

乾称父，坤称母。

张载用《易经》里的语言，开始生命起源的描述。他说："乾"代表天，"坤"代表地，乾坤即天地，天地是我们人类的父母，是万物的父母。表面上看，这跟老百姓的观念差不多。其实，这里的天地不是指自然的天，而是天道。"乾坤"的思想来自《易传》，《易传》讲的乾卦和坤卦就是天道的内容，所以都以乾坤代表天道。天道是万物的根源，因此称天地为父母。称"天道"为父母，是比喻万物的根源是天道，《易传》里讲"大哉乾元，万物资始"就是这个意思。张载思想贯通天人、涵盖古今，呈现整体、系统的特点，所以这里讲人生也是从天道开始。

有研究者指出，作为一个中国的思想家，张载所讲的"乾称父，坤称母"的世界，不是一个科学的世界，天道作为万物的根源，这个"万物"不是科学观下的万物。所以"大哉乾元，万物资始"的意思不是上帝创造万物，不是宇宙为什么出现物质的问题，而是一个价值问题。中国哲人关心的问题是人怎样才可以生活在一个有美好价值的世界之中，即怎样才可以生活和谐开心的问题。万物也是这个美好世界中的有价值的事物，天道是这些事物之所以有价值的根源。所以这个天道不是一个外在的存在，而是存在于人的心中。

予兹藐焉，乃浑然中处。

藐，是小、幼的意思，其实也与"邈"相通，后者是高远的意思。两个词用在天人关系上的意思是相通的，我这样渺小，天地这样高远。这种景象是不是像一个婴儿在母亲怀抱中的样子呢？因为这里的天地其实是天道，所以这句话讲的是人处于天道之中。天道不是实在的物体，那么人怎么能处于天道之中呢？这是因为人的心中有天道。有句话叫"公道自在人心"，跟这里的意思差不多。正是因为这样，人才能整体"浑然中处"于天道之中。张载的这种描述很厉害，把天道和人从各种复杂的关系中抽象出来，建立了一个模型，告诉你什么对人类是最有价值的。对人类有价值的，不是各种具体的物，而是正确的价值（天道），有了正确的价值，人类就能更好地处理与宇宙万物的关系，否则人类将没有办法生存发展下去。这种思想来自《易传》的启发，使他能够由天道开始讲，一下就落到人之中。所以，由天到人，不是一个外在的天，不是一个与人对立的天，天道就在人心里，是人类最应该珍重的价值。

故天地之塞，吾其体；天地之帅，吾其性。

塞，重要的地方。天道的重要之处就在我的身体之内，即是天道在人之心中。天地的统帅就是人的本性，即所谓道的主体就是人的本性。天道就是人的本性，就其形而上身份而言是天道，就其作为统帅的身份而言是人的本性。

塞，又可以当作"充塞"讲。按照张载的气论思想，由于天地之气充满我的身体，天地之性自然统率人性。无论从

150

以上哪一个方面来讲，意思都是一样的。

　　民吾同胞，物吾与也。

　　由于人类、万物都来自天道或得自天地之气，所以同气相连，休戚与共。就人类而言，我们具有共同的人性，所以万民是我的同胞。同时，我们与万物声气相通，应该保持友好的关系。"与"在这里是"友好"的意思。也有人把"与"解释为"参与"，字面上看"物吾与也"就是人类参与万物，其实就是孟子所说的"万物皆备于我"的意思，后来儒者称之为"万物一体"。这两种解释都是把两句话分开来看，当然还有其他不同的解释。比如，把这两句话当作一个整体来看，认为四海之内皆兄弟，这是"民吾同胞"；而兄弟共财，互通有无，互相帮助，这就是"物吾与也"。这里是把"与"当成"赠予"的意思了。无论怎么解释，基本都是以人为中心的。即便是第一种里讲我们与万物保持友好的关系，或者参与万物，它基本上也不是指整个自然界中的生命或无机物，而是指人心中认为所"应当"正确对待的那些事物。这是在谈一种理想，指出人处于自然和社会中"应当"有怎样的行为。认识到这一点是很重要的。

　　有学者指出，中国人心中的万物，不是科学世界的万物，不是人的研究对象，而是和人有关系的万物，这种关系是一种价值的存在关系。人与万物有所感，人会感受到一朵花、一棵树的存在，人一感受到花和树的存在，不是把它们看作科学的对象，而是会感受到花的美艳、树的苍翠，人会感受到花和树的价值，这时花和树的价值便出现，花和树也成为真正有价值的存在，这就是人与万物的感通，也是人参与万物的存在之中。人与其他人因天道和人心而有所感通，所以人和其他人如兄弟同胞一样，万物也因人心、天道而有所感通，而使万物的价值呈现出来。这是人的参与，所以天道、万物最后都必须要有人心参与其中，天道、万物、人心是相贯通而非互为外在的。

朱熹说："中间句句段段，只说事亲事天。自一家言之，父母是一家之父母。自天下言之，天地是天下之父母。通是一气，初无间隔。'民吾同胞，物吾与也。'万物虽皆天地所生，而人独得天地之正气，故人为最灵，故民同胞，物则亦我之侪辈。"张载用几句话就把人类的生命之源、中国人的价值之本说了出来，并用"民胞物与"这一思想进行了很强的概括。接下来他提出了具体的社会关系模式。

大君者，吾父母宗子；其大臣，宗子之家相也。

这一段话的基准是中国社会基本上是一个家族社会的模式，在一个男性为中心的家族中，以父子、兄弟为主要关系，其中嫡长子——宗子继承父母之业，集中掌握家庭权力，但是他也同时负有照顾家族、兴旺家族的莫大责任。张载认为，政治权力系统中的君主与人民的关系，也应该是家庭模式的翻版，而君主和大臣犹如宗子与家相的关系。之所以能够在权力倾轧的政治生活中体现出家庭的温情，是因为特殊的价值理念，即四海之内皆如兄弟同胞，血脉相连，声气相通。这种民本思想到社会主义初级阶段仍然对国家权力运作有着重要影响。

从天道的角度来看，天道设立君主的职位来管理人民、社会，但是并没有给他任意宰割民众的权力，而是赋予他守护家园、爱护百姓的使命，君主好像家中负责管理家业的长子。他拥有管理天下的地位却并不高人一等，或者高人一辈（如君父），而是和人民好像兄弟一般，不过这兄弟的责任和其他有些不同，分配到不同的工作而已。大臣就好像家相，协助宗子管理家业。天下就好像一个家庭，天下人民就好像兄弟，大家齐心尽自己的责任，协力管治好天下。这其实是孔子"君君、臣臣、父父、子子"的观念，君要尽君的责任，臣要尽臣的责任，父要尽父的责任，子要尽子的责任，并不是说君高于臣，父高于子，而是说各尽其责，这才是孔子正名思想的主要内容。这里面体现了《礼记·礼运》篇的"大同"思想："大道之行也，天下为公，选贤与能，……人不独亲其亲，不独子其子，使老有所终，壮有所用，幼有所长……是谓大同。"张载继承了这种思想，大君不是高于大臣，宗子不是高于家相，其实大家是同辈兄弟，只是角色不同，协力令天下大同，人人和谐共处。从这个角度出发对于下面的语言就非常容易理解了。

尊高年，所以长其长；慈孤弱，所以幼其幼。

一个人怀抱天下大同、四海一家的理想，才可以尊敬年长者，慈爱孤弱者，也才能够自觉地去照顾天底下的老人和儿童，这是孟子"老吾老以及人之老，幼吾幼以及人之幼"思想的传承。这种思维模式是中国人独有的，先要学会对待自己的老人、孩子，再去对待别人的老人和孩子。不过，这种思维模式也没有什么不好的。孔子认为，凡是具备这种胸怀天下的大情怀都是基于自己最亲切的体验，有了这种体验，我们才会知道应该怎样去温暖别人、关心别人，历史上的大圣人尧、舜都是如此。试想一个不孝之子，人们跟他打交道的时候，总不免要思量思量：你对自己的父母子女都能那么狠，对我能好吗？所以，中国人的爱是由自己的最亲近的关怀，推广广之的关心；中国人对于爱的定义也是要先具备家庭中的实践和体验。

圣其合德，贤其秀也。

圣人就是能够自觉体认万物一体、天人合一，行为自觉地符合"民胞物与"道德的人，贤人就是那些做的稍微差一点，但是仍然比较优秀的人。一个人如果真的能够时时注意善尽自己的责任和义务，常常尊敬年长者，慈爱孤弱者，不是圣人、贤人又是什么呢？人们习惯于把圣人极力地神化，特别是极力夸大他们在政治方面的卓越贡献，其实真正的圣人在民间，那些在日常生活中表现出高尚道德之人就是圣人。张载给我们指出了圣人的"真相"。作为一个普通人，我们是应该自问："我何时能够建功立业，举世闻名？"还是应该常常自问："我照顾好家庭了吗？在社会上行善积德了吗？我的行为高尚吗？"张载的回答是，我们应该选择后者。其实，相比较政治上大展宏图，生活中的道德实践同样是困难重重，理论上人人可以做到，实际上却有无限困难，种种困扰在阻碍着一个人的道德行为，所以道德实践便有高下之别。圣人就是都能做到这些德行的人，贤人就是未必一定都能做到，但在其中做得杰出的人。

凡天下疲癃残疾、茕独鳏寡，皆吾兄弟之颠连而无告者也。

癃的意思是年老体衰多病，就是老年人腰弯背驼的样子。茕的意思是孤单、孤独，这里指的是没有手足兄弟或子侄的人，他们的生活无人照料。独，指老而无子的人。颠连，困苦的意思。张载所说的这几类人，类似于今天农村中的五保户。《农村五保供养工作条例》规定，村民中那些既没有劳动能力，也没有生活来源，还没有法定扶养义务人，

155

或者虽有法定扶养义务人，但是扶养义务人无扶养能力的老年人、残疾人和未成年人属于五保对象。张载深情地说，这些人是我的兄弟中那些困苦而无处申诉的人，我要保障他们的生活。这种慷慨的美德是仁心的推扩，也是天道的表现，是"民吾同胞"的精神。张载自己在大灾之年，看着灾民无衣无食，常常寝食难安。后来他为了这些弱势群体能够得到照顾，设计了宗法、乡约等社会制度，对后世影响很大。由自己最亲切的感受推及困苦中的人的悲惨，本心自觉不忍，把困苦的人都视如自己的兄弟受苦一般，勇于承担社会责任，这是大德大孝。中华文明之所以历久不绝、困而复起，也是与中国人始终坚持这一思想分不开的。它极大地提高了民族凝聚力，促进了社会和谐。

这种"民胞物与"的精神，还可以扩展到万事万物。比如，白居易曾经有一首诗说："谁道群生性命微，一般骨肉一般皮。劝君莫打枝头鸟，子在巢中望母归。"所以"民胞物与"并非单单继承了儒家的思想，它也能跟佛教的思想相通，比较容易被人们接受。

于时保之，子之翼也。乐且不忧，纯乎孝者也。

这句话值得玩味的地方很多。"于时保之"最早语出《诗经》，以赞颂周文王，孟子也曾以此规劝齐宣王不可穷兵黩武。相传周文王刚刚登上王位八年而卧病在床，结果国

156

都发生了地震，有关部门要求迁都逃避以应对灾荒。君臣议事，文王认为不可迁都，并说：上天这是在警示我犯下了过错，现在不思悔过，还要迁都，必然要兴师动众，重新建造宫殿、都城，这都是在加重我的罪啊。我要求尽快改善政治，实行善治，希望可以免除我的罪。于是，周国和平友好地与外国交往；礼贤下士，招徕人才；实行奖惩措施，奖赏有功人员。不久，周文王的病就好了。此后文王统治四十三年，周国一天天强大，再也没有发生地震。《诗经》就赞颂说：这是"畏天之威，于时保之"。文王不愧为圣明之主，面对天灾与惑言能够有自己清醒的判断。

文王去世七百年后，战国时代的大国君主齐宣王与孟子讨论强国之道。宣王主张出兵征讨四方，孟子先是援引周文王、周武王的故事，说明军事斗争的正确方向是惩恶扬善，再引《书经》指出，君主最大的责任在于教化百姓、保护百姓；进而说明国家交往应注意方式方法，对弱小的国家应该以礼相待，这是仁爱之心，所谓"以大事小者，乐天者也；以小事大者，畏天者也。乐天者保天下，畏天者保其国。《诗》云'畏天之威，于时保之'"。这才是真正的识时务，才能做到和平友好、长治久安。

张载引用"于时保之"，基本意思是要求学生们在做人时能够注意照顾那些弱势群体，并且进行了延展，认为这种照顾是要时时刻刻注意，随时发现，随时去参与，这才是仁者的做法。

"子之翼也"。翼的意思是帮助、辅助。《书经》中有言"予欲左右民，汝翼"。那么"于时保之，子之翼也"，就是说要时刻注意保全弱势群体的生活，就像大鸟张开翅膀保护小鸟抵御老鹰的侵袭一样。

"乐且不忧，纯乎孝者也"，意思是说，乐此不疲，全身心地投入，源于对孝的深刻理解，以及由此而延展出来的对于人类的大爱。按照孔子的说法，一个人要做到心理健康，乐且不忧是有条件的，那就是他必须是个仁者，是个能够勇敢承担起家庭义务和社会责任的人。张载承接这一思路，进一步指出，只有仁者才能视天下人民为同胞，这是仁者仁心的纯粹表现。仁者仁心最切近的体会是孝，高尚的情感是由最具体的、最切近的孝心开始的，而不是一开始就视天下人为兄弟。因此张载在下文举出了好几个与孝有关的例子。

> 违曰悖德，害仁曰贼。济恶者不才，其践形惟肖者也。

若违背这真正的仁心，只是虚情假意，这就是"悖德"，损害仁心表现的即为"贼"。协助作恶者都是些不成器的坏蛋，他们所谓的实践仁心，只是外形上相似而已，并不是真

158

心的仁者。

　　　知化则善述其事，穷神则善继其志。

　　"穷神知化"是《易传》的内容，"善述其事"和"善继其志"是《中庸》的内容。张载以《中庸》配合《易传》来解释其思想。《易传·系辞下》有言："穷神知化，德之盛也。"这是对一个人德行的描述。意思是说，能够知道、掌握经验世界的变化，能对千变万化的经验事物作出恰当的响应，是高尚道德的表现。现实也确实如此，一个人要客观地体察事物的规律、真相，除了要掌握合适的方法，还必须有中立的价值和高尚的道德情操。《中庸》说："子曰：武王、周公，其达孝矣乎！夫孝者，善继人之志，善述人之事者也。"意思是说，周武王、周公这两个孝道模范，是善于继承前人遗志、善于认识事物规律的榜样。有"穷神知化"者便可治理天下为圣王，而圣王的基础其实是在"善继人之志""善述人之事"的孝道。

　　这两句话和上面的"悖德"一句合起来解释，就是有的人背离道德，怙恶不悛，假仁假义，也有的人真心行大孝，如治国、治天下的武王与周公，他们善于继承，善于发扬优秀传统，以真心对待他人，尊重他人，表现出高尚的道德。这些人才是我们学习的楷模。

　　　不愧屋漏为无忝，存心养性为匪懈。

屋漏是古代室内西北角设有小帐的地方。古人把床设在北窗旁，西北角上设有天窗，日光可由此天窗照入房间，所以称西北角为屋漏。由于有日光所到，也相传是神明所在，所以设有小帐。因此，屋漏是光明或神明的意思。"不愧屋漏"典出《诗经》，"相在尔室，尚不愧于屋漏"，意思是君子独居在屋内深处，也要无愧于心。后世用来比喻，即便在暗中也不做坏事，不起坏念头，无愧于神明。《中庸》说这种人的人格如此伟大，如此有魅力，可以做到"不动而敬，不言而信"，不待有所行动，人人都尊敬他，不必开口说话，人人都相信他，他是人人敬仰的君子。

"无忝"出自《尚书·周书·君牙》中的"无忝祖考"，即不要辱没祖先父母。"不愧屋漏为无忝"，意在说明一个人的孝行应该发自内心，这样才能无愧于神明，对得起祖宗，而不是为了做给人看，摆摆样子。

"存心养性"，就是保存赤子之心，修养善良之性。为什么要存养自己的心呢？试想一下现实吧，多少人不去存心养性，而是存心不良，存心跟人对着干，存心记仇，存心找老实人发泄私愤，搞得整个社会乌烟瘴气，人人自危。孟子老早就认识到价值观出问题，会给社会造成很大的困扰，所以他提出了"存其心，养其性，所以事天也"，把存良心，培养善性，一身正气，堂堂正正做人，作为重大的社会工程

（功夫）。张载把"天"具体为天道，而不是人格化的"天神"，同时用存心养性不松懈来反对当时流行的佛教功夫论。宋代受佛教影响，着重小心翼翼地实践道德，要求人在面对外界事物的诱惑时，每一次行事都要小心，把外界的诱惑从心中去除，所以流行静坐修炼等小心不松懈的功夫。二程就特别喜欢这一套。但张载主张的不是这种流行的功夫论，而是返回孟子的"存心养性"，只要我们做到存心养性，让我们的心性能自然流露，自然表现，便是不松懈了。所以，不是特别的外在修养功夫，而是返回人自己的内心，自然存心便是不松懈的功夫。

乐天知命顺生死

接下来，张载举了六个古人的例子，以说明善于存心养性、实践孝道的楷模具体是什么样子。

> 恶旨酒，崇伯子之顾养；育英才，颍封人之锡类。

崇伯是鲧，崇伯的儿子是大禹。颍封人指颍考叔。张载首先举出大禹和颍考叔这两个孝顺父母的圣贤人物。

孔、孟都对大禹加以赞美。孔子说，大禹这个人太完美了，根本找不着他的缺点。他饮食简朴，却把祭品办得很丰厚来孝敬祖先；自己穿着简单，却把祭祀的衣服做得极华美；

自己住得很简陋，却尽力搞好农田水利。而禹之所以能治理天下，最初也是由孝开始做起，且是真心的具体的表现，所以孔子大赞。孟子也盛赞禹不喜欢美酒而喜欢善言，不搞个人享受，而是一心一意谋发展。孔、孟都认为大禹是至孝之人，也是能管理天下之人。大禹不喜欢美酒美食，而是有更重要的事情要做。所以，张载认为大禹是善存心养性之人，自然是能厌恶美酒者，就能照顾家人，养育百姓。

颍考叔事迹见《左传·隐公》的"郑伯克段于鄢"。当年郑庄公因为母亲偏袒弟弟共叔段篡夺王位，就把母亲驱逐到颍城，还发誓说不到黄泉不相见，谁知说完便感到后悔了。颍考叔听到，便想献计给庄公。一次，庄公赐给他食物，但颍考叔剩下肉不吃。庄公问他，考叔回答："臣下有母亲，我的食物她都尝过，但还没有吃过国君赐予的美食，所以想给她吃。"庄公说："你有母亲可以给，但我却没有！"考叔问："敢问为什么这样说？"庄公告诉他原委，并且说感到后悔。考叔说："主公你何须忧心？你可以掘地到黄泉那么深，在隧道内与母亲相见，又有谁说不行呢？"庄公听从了他的意见，在进入隧道后赋诗说："大隧之中，其乐也融融。"庄公母亲姜氏出来也赋诗说："大隧之外，其乐也泄泄。"母子终于和好如初。后人评论这件事，认为是颍考叔的纯孝及对母亲的爱，深深地影响到了庄公。

张载引用颍考叔的故事，就是想要说明天下要治理得好，要爱人民如若同胞，就要由最切近的亲情做起，由孝顺父母做起，由此推扩出去，才能真正地治理天下。苦读经书的儒者们，大多还是心系于博个功名，谋个官职，以光宗耀祖，扬名后世。张载却告诉他们，最重要的是承担起社会责任，而最初的修养是要把孝道做好。

> 不弛劳而底豫，舜其功也；无所逃而待烹，申生其恭也。

张载进一步举出舜和申生的例子来说明孝道精神。"不弛劳而底豫"其实是孟子对舜的评价。底是招致的意思，豫是悦乐的意思，底豫就是使某人高兴欢悦。史称舜事其父瞽叟至孝，《大戴礼记·五帝德》中说："舜之少也，恶悴劳苦，二十以孝闻乎天下。"《孟子·离娄上》评价道："不得乎亲，不可以为人。不顺乎亲，不可以为子。舜尽事亲之道而瞽叟底豫，瞽叟底豫而天下化，瞽叟底豫而天下之为父子者定，此之谓大孝。"

未懂得在家侍奉父母，即不懂做人；不懂得孝顺父母，即不懂做儿子。舜竭尽全力侍奉父母而使瞽叟得到欢乐，由瞽叟得到欢乐而使天下人受感化，整个事情给天下的父子确立了行为准则，这就叫大孝。

但是，故事中的瞽叟实在不怎么样。《史记·五帝本纪》

中记载，他是那么偏爱次子象，几次三番要杀掉舜，但是舜原谅父亲、兄弟的恶行，并一直以亲情感化他们，最终获得了家庭的和睦。尧看在眼里，把天下交给了他管理。作为一个儒家的理想人物，舜是圣王，在家能孝，在国能治，因此这是一个典型的孝的例子。

申生的故事与舜的故事差不多，却是一个悲剧。他是晋献公的太子，但献公的夫人骊姬却想要自己的儿子奚齐做太子，便诬告申生，向晋献公说他想弑父篡位。献公听从骊姬的话，想杀太子申生，二公子重耳（后来春秋五霸之一的晋文公）对申生说："你怎么不向父亲申冤呢？"申生说："不可，父亲有骊姬才开心，如告发骊姬会伤父亲的心。"重耳又说："那快快逃走吧？"申生："不行，父亲说我想杀他，天下哪里有我这个杀父之人的容身之所呢？我能去哪里呢？"最后他承受着巨大的冤屈而自杀了，被世人称为"恭世子"。

舜和申生的孝行在历史上就很有争议，在现代人看来更是不可理喻。这种事情屡见不鲜，给我们提出了一个问题：当一个人受到委屈的时候，他是否还应该爱他的家庭，爱他的国家，爱他的人民呢？鲁迅曾在小说《药》中给我们提出过类似的问题：革命者在为国家的未来抛头颅洒热血的时候，人民却愚昧地用他的鲜血炮制人血馒头去治病，这种牺

164

牲还值得吗？答案暂且不表，另有一个原子弹之父奥本海默的故事值得一读。20 世纪 50 年代，作为美国著名的物理学家、原子弹之父奥本海默受到麦卡锡主义者的打击迫害，当他的友人建议他去国外以避开政治风暴时，他拒绝了，并且含着眼泪说道："没办法，我就是爱这个国家！"怎么来看这些常人难以理解的现象呢？大概对于父母、兄弟的爱，对于家、国的爱，是建立在重大责任的基础上的，一个人以家庭、国家为己任，他是不会在意自己的生死的。林则徐在虎门销烟后遭受沉重的政治打击，革职降级，充军伊犁，他在与家人作别时，曾写下这样的诗句："苟利国家生死以，岂因祸福避趋之。"只要对国家有利，即使牺牲自己生命也心甘情愿，绝不会因为自己可能受到祸害而躲开。鲁迅在赠日本友人的诗《题三义塔》中也说过一句很深刻的话："度尽劫波兄弟在，相逢一笑泯恩仇。"一个人要真正懂得什么是孝道，就必须清楚这里面的社会责任，这是不能不明白的道理。

> 体其受而归全者，参乎！勇于从而顺令者，伯奇也。

张载最后举的两个例子是曾参和尹伯奇。传说曾参作《孝经》，他说："身体发肤，受之父母，不敢毁伤，孝之始也。"张载认为，曾子是孝的代表，接受从父母而来的身体，

165

并时刻注意保全，希望最后能完整地归还。这在当时是孝的一种重要表现。

尹伯奇是周宣王的重要辅臣尹吉甫的儿子，因为后母的谗言而被父亲逐走，生活艰难异常，只能采集荷叶为衣裳，采摘野果、野花充饥。早上赤脚行走在霜上，想到自己被放逐的情况，感怀自伤，于是作《履霜操》一曲，曲终后便投河自尽了。后来有人仿作《履霜操》，歌词是："履朝霜兮采晨寒，考不明其心兮听谗言。孤恩别离兮摧肺肝。何辜皇天兮遭斯愆，痛殁不同兮恩有偏，谁说顾兮知我冤。"韩愈也曾经以一首《履霜操》来说此事，诗云："父兮儿寒，母兮儿饥。儿罪当笞，逐儿何为。儿在中野，以宿以处。四无人声，谁与儿语。儿寒何衣，儿饥何食。儿行于野，履霜以足。母生众儿，有母怜之。独无母怜，儿宁不悲。"

张载则以伯奇之顺从父母之命为勇。在《宋元学案·横渠学案》中，有这样的记载："伯奇，尹吉甫之子；吉甫惑于后妻，虐其子，无衣无履而使践霜挽车，伯奇顺父之令，无怨尤于天地，是乃若伯奇之孝也。"这大概就是张载与韩愈对此事的评价不一样的地方。

关于这两个人的行为，其争议性要比上面的四位大得多，而尹伯奇的悲惨遭遇更让人不寒而栗，引发了人们无限的同情。张载并非不同情他们，但他是从孝道之志的角度来看待这种事情的。他的真正意图是在说明，一个有志于行孝的人，应该时刻感念父母给予生命的大恩大德，即便是受到莫大的委屈，即便因此失去了性命，也应该无怨无悔。后世在评价"存天理，灭人欲"的理学时，认为理学以理杀人，确实是看准了理学极端的、可恶的一面。张载在《西铭》中已经流露出了这一倾向。但是，在当时出现这种思想倾向又是具有历史合理性的。在封建时代，个体严重依附于家庭，儿子依附于父亲，没有独立的人格，父权高于个人，子女是没有什么人权的。张载的这种思想既是这一时代意识的产物，也助长了这种意识的泛滥。

但是，如果我们从"民胞物与"的精神层面出发就知道，张载所说的孝道并不仅仅是指家庭中的孝行，而是着眼于整个社会的大责任。其实，张载是在用个人与父母的关系来说明人生与命运的关系，在命运面前一个人应该采取怎样的价值选择和行为抉择。

富贵福泽，将厚吾之生也；贫贱忧戚，庸玉汝于成也。

这句话的表面意思是说，富贵福泽可让我生活幸福，贫贱忧戚能砥砺我的人格。其实，张载的真实意思应该联系整个文章来看。他要说的是，人生中面临着富贵、贫贱两种命运，一个人应该怎样去正确地对待呢？他认为，命运没有好坏之分，所谓"福兮祸之所倚，祸兮福之所伏"，关键是一个人怎样来选择自己的行动。如果能有志于积极、勇敢地承担社会责任，贫富、贵贱、穷达等种种命运际遇都会呈现出正面的意义，使个人能够正确对待，坦然面对。那些富贵福泽，非但不会损害我的品德，使我奢侈腐化，反倒会改善我的生活，完善我的人格。那些贫贱忧戚，非但不会消磨我的意志，使我自暴自弃，反倒会激起我的斗志，激励我发愤图强。孔子正是这样的人物，他一生孜孜以求，希望能够执政为民，对于财富的态度是，"富而可求也，虽执鞭之士，吾亦为之。如不可求，从吾所好"。意思是，如果是通过正道取得的富贵，就算去做马夫，我也愿意；如果通过正道无法求得，我会选择做我喜欢做的事。之所以能够这样做，正是因为有伟岸的人格，也因为他有着不同于寻常人的伟大志向。孟子就此而进一步补充说："富贵不能淫，贫贱不能移，威武不能屈，此之谓大丈夫。"

存，吾顺事；没，吾宁也。

这句话的意思是，无论生存或死亡，我都顺从、安宁地接受它。这里着重于顺从，但这是顺从于天地之事，顺从于自己的本心。人生时应尽心尽力做事，尽仁尽孝，死时则自然心安理得，安生安死。躯体的存在与否，和富贵贫贱、客观遭遇一样，并不是人的价值所在。应被重视的是人如何对

168

待这些生死际遇，是否顺从本心才是人的价值所在。如果人顺从良心，就算死也是安宁的。

生存还是死亡，确实是个问题。在现代人看来，它不只是哈姆雷特的问题，所有人都关心它。在张载看来，它不只是佛道二教关心的问题，儒家也关心它。孟子曾说："莫非命也，顺受其正；是故知命者不立乎岩墙之下。尽其道而死者，正命也；桎梏死者，非正命也。"张载的思想与孟子的思想是一脉相承的，表现了儒家对待人生的积极态度。这是与佛教的逃避、道教的无为退隐不同的。

张载从天道和人心两个方面提出了儒家的生死观，给人的存在与消亡予以终极解释。从天道的角度来看，一个人的生命是气化而成，应该遵循天道的支配，所以生存着我就老老实实按照天道的规则去行使生命；到了生命衰微的阶段，我也没有任何犹豫和恐惧，安静地回复到天地间的气中去。从人心的角度来看，一个人生活在这个世界上，能够做到由近至远，由孝亲而至治天下，视天下人为同胞，感受到万物一体，展现出天德的光辉，为这个社会的和谐、互助尽一份力量，就实现了人生的价值，无论生还是死都会是坦坦荡荡的。因此，这两个方面最终都是想说明"民胞物与"的人生理想。整体上来看，《西铭》的目的不是论证，不是证明有天道存在，也不是证明人有道德心，也不是证明世间有客观的道德标准，更加不是宣传传统礼教规条，而是表明一种儒家的人生态度，一种民胞物与的儒家理想。

民胞物与中国心

"民胞物与"思想首先在张载弟子中间获得响应，吕大钧因此而创作了《天下为一家赋》：

> 古之所谓天下为一家者，尽日月所照以度地，极舟车所至以画疆，以八荒之际为藩卫，以九州之限为垣墙，列国则群子之舍，王畿则主人之堂。凡民之贤而不可远者，皆我之父兄保傅；愚而不可弃者，皆我之幼稚获臧。理其财，乃上所以养下之分；责之事，乃下所以事上之常。浑浑然一尊百长，以斟酌其教令；万卑千幼，以奉承其纪纲。货迁有无，而不知彼我之实；损益上下，而不辨公私之藏。大矣哉！外无异人，旁无四邻，无寇贼可御，无闾里可亲。一人之生，喜如似续之庆；一人之死，哀若功缌之伦；一人作非，不可不愧，亦我族之丑；一人失所，不可不闵，亦吾家之贫。尊贤下不肖，则父教之义；嘉善矜不能，则母鞠之仁。朝觐会同，则幼者之定省承禀；巡守、聘问，则长者之教督抚存。

170

在天下一家的理想中，人们拥有日月普照大地一样的博大胸怀，关心宇宙、人生的种种事项，一切都在我的关怀藩卫之中。凡是万民百姓，不论老幼、贤愚，都是我的父兄保傅，都不可抛弃，而要关怀、保护他们。理财富国，意在养民；下尽其责，以事长上；尊长爱幼，纲常有序；互通有无，不搞欺诈；上下均平，公私无藏。以此博大的胸怀，对待宇宙、人生、邦国、天下，就会"外无异人，旁无四邻，无寇贼可御，无闾里可亲"，关爱他人，博施天下，这样就可以"天下一家""中国一人"，这便是最理想的社会政治了。

"民胞物与"的思想提出后，获得士大夫阶层的高度评价。之所以引起这么大的反响，是因为它与宋代士大夫的"仁义观"相一致。"仁义"二字是儒家所强调的立人之道，治国安邦之本。《易经》说："立人之道，曰仁与义。"孔子教人识仁与行仁，《论语》中言仁之处很多。如《学而篇》说："孝弟也者，其为仁之本欤？"又说："弟子入则孝，出则悌，谨而信，泛爱众，而亲仁，行有余力，则以学文。"这是教人先对最亲的人尽力，然后由近及远，扩而充之，以成就大爱。孔子又教人立志求仁做个君子，如《里仁篇》说："苟志于仁矣，无恶也。""君子去仁，恶乎成名。君子无终食之间违仁，造次必于是，颠沛必于是。"如果意志稍微动摇了，便沦为不仁，而不仁者便是小人。所以"仁者安仁，知者利仁"。仁者更重要的目标，不是只追求自己完美超凡，而是要推己及人，如《雍也篇》所言，"夫仁者，己欲立而立人，己欲达而达人"，进而"己所不欲，勿施于人"。真是将一颗纯真的爱心完全付出，嘉惠世人。在孔子看来，想行仁是轻而易举的，"仁远乎哉？我欲仁，斯仁至矣！"孔子不仅言仁，也论及于义，如《里仁篇》说："君子之于天下也，无适也，无莫也，义之与比。"《述而篇》说："德之不修也，学之不讲也，闻义不能从也，不善不能改也，是吾忧也。"又说："不义而富且贵，于我如浮云。"富贵必须以道得之，做人应严于义利之辨。孟子周游列国，向诸侯建言要行仁政，守信义。他劝梁惠王行仁政保民、养民，以收人心，就可以无敌于天下。汉初贾谊在总结秦朝灭亡的教训时，断言是"仁义不施而攻守之势异也"。唐朝大儒韩愈继承孔、孟之道，在《原道》中说："博爱之谓仁，行而宜之之谓义，由是而之焉之谓道，足乎己无待于外之谓德。……凡吾所谓道德云者，合仁与义言之也………以之为己则顺而祥，以之为人则爱而公，以之为心则和而平，以之为天下国家无所处而不当。"宋儒以继孔、孟为职志，喜言道德、说仁义，其言甚繁，难以细述。

周敦颐曾引《易经》之言道："'立天之道，曰阴与阳；立地之道，曰柔与刚；立人之道，曰仁与义。'……大哉《易》也，斯其至矣！"人与禽兽的不同之处，就在于人知仁义，并能行仁义。他又在《通书》中提出仁、义、礼、智、信五常之说，并解释为"爱曰仁，宜曰义，理曰礼，通曰智，守曰信"，合为心之全德。程颢、程颐兄弟师事周敦颐，程颢阐释忠恕之道有言："以己及物，仁也；推己及物，恕也。忠恕一以贯之。忠者天理，恕者人道。忠者无妄，恕者所以行乎忠也。忠者体，恕者用，大本达道也。"达道乃是仁道，要体察而励行之，如人之于父母能尽孝，于兄弟能友爱，便是行仁。总之，做人要能先人后己、大公无私，这是齐家之道。程颐说："学者须先识仁。仁者，浑然与物同体，义、礼、智、信皆仁也。"可以说仁是道德的总名，行仁发自人心，先从去私欲开始。朱熹释仁谓"仁者心之德、爱之理"，最为切当。父母抚育子女是仁，而身教、言教或鞭打也是仁，此即爱切责严之义。士大夫们不仅坐而言，更是起而行，他们为亲族创义田、义庄，以帮助贫困的族人免于饥寒，为乡人创义仓和义学，又有义冢、义役，开创了宋代社会福利的新局面。

张载在"民胞物与"中提倡君主行仁义，施仁政，也和士大夫要求相一致。宋代士大夫认为，政治清平、民生安乐、治乱安危的关键人物是君主，所谓"君仁莫不仁，君义莫不义"，认为治国应先以帝王正心、诚意、修身为肇端。

朱熹曾说："天下之本在君，君之道在心，心之术在仁义"，就是本此而来。不过，宋朝帝王多好学，设经筵讲读官，在听政、治事之余，常召见侍讲。侍读讲经、读史，随时加以申论，以启迪圣心，帝王常常在经筵时倡言其所思所感所怀，由专人笔录下来，送交国史馆，由起居郎、舍人修入《起居注》中，以传之后世。北宋名儒司马光、程颐、范祖禹等，任侍读或侍讲，都劝皇上正君心，法祖宗。

仁宗时，翰林侍讲学士李淑所修成的《三朝宝训》，成为皇上御经筵时必读的宝典。张载曾为史官、礼官，对于这些模式和信息必不陌生，甚而颇有同感，都不出人意料。他本人就主张人君都要"乾乾进德"，孜孜求善，既善其身，又兼善天下。人君进德善世，德溥天下，不用征伐，天下大化，这就是"以仁统天下之善"，所以天下无不善。更为重要的是，张载坚持"王道"理想，认为"大都君相以父母天下为王道，不能推父母之心于百姓，谓之王道可乎？所谓父母之心，非徒见于言，必须视四海之民如己之子。设使四海之内皆为己之子，则讲治之术，必不为秦汉之少恩，必不为五伯之假名。"由此可知，"民胞物与"正是王道理想的代名词。

当然，也有人对《西铭》的思想表示过怀疑，甚至是找碴儿。例如，他们以张载在他自己的著作中明确地讲"兼

174

爱"，把墨家"兼爱"思想与"民胞物与"思想进行比较。墨家要求人们在天下公义面前，人人平等，赋予了每个人拥有爱与被爱的机会，打破了亲缘关系与出身高低的限制。张载则以天下一家为理论前提，认为人们本是兄弟，只有爱己爱人，才是"仁"的表现，似乎人与人之间也就没有远近高低贵贱之分。这确实让人产生思想倾向近似的联想。比较著名的是程颐的弟子杨时，他在给老师写的信中就质疑说：很多人，特别是您认为，《西铭》深发圣人之微意，但是在我看来，恐怕要流于墨家的兼爱。杨时的这个疑问很有攻击力，因为儒家是反对墨家的，孟子说墨家的兼爱是无君无父，放弃了家国责任。同时，如果这种揣测成立，张载作为醇儒的地位必将受到影响，思想的独特性也荡然无存。对此，程颐立即复信予以驳斥，认为张载的思想虽然有些过头的地方，那是难免的，但是就《西铭》而言，推衍天理，保存正义，发前人所未发，有着莫大的贡献，可与孟子性善养气之论同功，岂是墨子思想所能比的？《西铭》以天理为前提，分别说明了人在家、国的等级关系中如何处理各种关系，而墨家却试图平等待人，甚至取消了个人与父母的亲密关系，视父母为路人，这是对正义的莫大伤害。程颐在解释的时候特意用了"理一分殊"这个概念，进一步概括《西铭》的主旨。他说，世界万物都是天地的子女，天地则是由"理"派生出来的，这就叫"理一"；万物产生之后，就有了大小和亲疏之分，"亲疏异情，贵贱异等"，人们"各亲其亲，各子其子"，这就叫"分殊"。朱熹则一针见血地指出，墨家的思想是无等差的，而张载的思想是有等差的，这是儒家式兼爱的重要特征。你看，儒家从来就没有承认过"人人平等"这个理念，尽管有了气化成人，他们也做不到佛教提出的众生平等。

张载做学问，思考问题，最终要落实于实用，解决社会现实中的问题，所以就张载所处的北宋社会及其经历来看，《西铭》可能另有深意。首先，北宋中期，宋王朝面临着越来越多的政治、经济危机，改革的呼声日高，变法行动也此起彼伏，社会呼唤明君贤相。所以在《西铭》中，张载主张天下一家，而君主、大臣处于大家长及其助手的地位，他们应该有悲天悯人、为人民服务的施政理念。此外，就张载创作《西铭》的初衷而言，作为一则座右铭，主要的发言对象是他的学生，显然更多的着眼点是放在这些学生日后为官或作为精英分子投身地方社会建设时应该怎么办。从这个角度看，张载做《西铭》有检讨北宋施政得失、检讨地方行政问题等深层次的意思。

在农业社会，农政是关系政府施政的核心所在。看一下北宋的农政问题，就可以清楚地看到张载的深谋远虑。北宋政府很想在农政方面有所作为，出台了不少政策，但是大多中途废罢。比如太宗太平兴国年间，旱灾、蝗灾接连发生，土地荒芜，政府以乡县为单位设置农师，鼓励垦荒，指导耕种，一年后废止。太宗至道二年，考虑到京畿周边州县百姓流亡，土地荒芜，政府再次出台政策，借贷给百姓，鼓励垦荒，不久废止。仁宗初年，出台限田政策，规定公卿以下不超过三十顷，牙前将吏不超过十五顷，不久废止。仁宗庆历年间，以天下田赋轻重不等，实行方田均税，不久废止。仁宗嘉祐五年，再次均定田赋，不久又废止。神宗时期任用王安石进行变法，颁布免役法、青苗法、方田均税法等，后来在司马光等人的反对下也废止了。政策屡兴屡废，除了决策欠佳，也与北宋官吏庸劣、基层行政低能、州县胥吏顽劣、土豪劣绅横行乡里等现象有着密切关系。关于官吏庸劣问题，范仲淹在庆历新政时上十事疏予以专门抨击。苏轼也曾上书进谏，"吏部以有限之官，待无穷之吏；户部以有限之财，禄无用之人"，他们大多数能力差，年纪大，碌碌无为，只想贪污腐化。关于州县胥吏问题，苏舜钦曾这样评价他们："臣窃见州县之吏，多是狡猾之人，窥伺官寮，探刺旨意，清白者必多方以误之，贪婪者则啖利以制之，然后析律舞文，鬻狱市令，上下其手，轻重厥刑，变诈奇邪，无所不作。"关于土豪劣绅问题，在《宋史》列传中比比皆是。他们武断乡曲，窥伺官府，盘剥小民，非法放贷，逃隐赋税，规避徭役，勾结胥吏，舞弄刑狱，交结权要，犯下种种罪行。而对于农村影响之大者，又莫过于侵夺农田，成为北宋乡间极为普遍的现象。但是，尤可注意的是，宋代因为地方行政力薄弱，社会事业不得不借助于民间力量，这给土豪劣绅相当大的机会，在修堤、防盗、办学、赈灾等很多方面都需要他们的参与，于是土豪劣绅成为地方上一类很特殊的人物，既舞弊乱法于乡里，而地方社会建设之事又不得不倚重他们，所以他们的地位日益牢固，势力越来越稳固，地方政府往往莫之奈何。张载的"民胞物与"理想正是对这种黑暗现实的痛定思痛，希望培养一批新的政治领袖、社会精英，以传统的儒家理想规划出朗朗乾坤。

《西铭》代表了传统儒家天人合一的意境与个人修养的高峰。它在孝亲事天、仁民爱物等方面，与佛教也有相贯通之处。"民胞物与"的利他性格，在佛教中可以从上、中、下三个层次实现。下士以明业果之取舍为中坚，"民胞物与"就是消除恶业，积累善德，由此养成止恶行善的自信心，发为自治自强的力量，扫去一切听天由命的习性，自创美善环境。中士以出离心为中坚，虽然重在出世，但明了"民胞物与"后，可养成高尚风格，一扫沉溺物欲的流弊。上士以大菩提心为中坚，举凡牺牲自己利济他人，拔除一切苦乐，养成高深道德、伟大人格和事业，与"民胞物与"的最高境界无异。之所以如此表现，还是因为张载在思维模式等方面得益于佛教者甚多。所以，《西铭》中的"乾坤父母"包含着"气本体论"的命题，都与隋唐佛教佛性理论中所说的作为一切众生乃至诸佛本体的"真如佛性"，在思维方法和具体表述上十分相似。在人性理论的具体内涵上，张载的"天地之性"与佛教的"真如佛性"也极其相似。由此可知，《西铭》思想也是北宋以儒为宗、三教合一的重要理论成果。

何炳棣在解读《西铭》的时候，用历史学家的眼光，发现了其中隐含的另外的文化密码。他说，自己从1948年起，在海外讲授中国通史四十年之久，年年在班上解读《西铭》英文节译，直到1995年秋才深刻体会出华夏人本主义文化中的"宗法基因"，发觉《西铭》实是重新发现理学家深层意识的理想"天窗"。"大君者，吾父母宗子；其大臣，宗子之家相也"，这段话是张载宇宙本体论宗法模式最坦白而又最直接的供认。他考证《易经》《春秋繁露》和朱熹对《西铭》的注释后指出，"大君"显然是一统专制帝国的皇帝，天下唯一最高的宗子。以天下为家，以大臣为家相，完全是宗法意识。同时，在文章中，列举崇伯子（禹）、颖考叔、舜、申生、曾参、尹伯奇作为孝道的典范，其中不少有违常理的地方，只有用宗法模式下的伦理规范才能解释得通。那就是在政治理念上"善皆归于君，恶皆归于臣"，在政治实践中"臣罪当诛兮，天王圣明"，在家庭中也与此类似，即"有不是的儿女，无不是的父母"。总之，在中国社会的上下关系中，上层是永远不会错的，即便是错的，下层也要予以维护，委曲求全。这确实是我们在学习传统文化的时候应该注意的地方。尽管张载的民胞物与理想，提倡互相帮助、待人如己、扶危济困等美德，但是他的思想中恐怕还没有现代人思想中的平等理念。所以他说："天之生物，便有尊卑大小之象，人顺之而已。"

旧的时代已经一去不复返，但是思想仍然充满了活力。由于张载的"民胞物与"精神不仅是一种思想主张，更是一种人格的修养，它所蕴含的精神对解决当今的生态问题、社会问题也具有重要的时代意蕴。

人类在现代化实践活动中，日益凸显出两个方面的矛盾，一是生存方式的现代化与人的物化状态的矛盾，一是现代科学技术的迅猛发展与日益严峻的生态问题、环境问题的矛盾。置身于这样的两重矛盾之中，人类必须正确处理自我与他人、与自然的关系，使人与人、人与自然处于相互和谐的状态，才能走出如此困境。

张载的"民胞物与"为我们解决这两大现代问题提供了重要的哲理之源。张载看来，人类与自然万物都是天地所生，都是自然界的儿女，所以人与人、人与天地万物不是对立的，而是一气相通、融为一体的。人对人、对万物应有同类感，应当以博爱的胸襟相待。对生我养我的父母，我们要充满景仰之情，对人类、对万事万物，我们要情同手足。在工业化进程中，当人与自然的严重对立不断暴露，环境危机、生态危机、能源危机日益严重的时刻，张载的"民胞物与"思想有了新的意义。

在这个世界里，人民既与我同生于天地，当然都是我的同胞兄弟，万物既与我同处于天地，当然皆为我的同伴朋友。人人都是天地的儿子，君主是天地的长子（宗子），而大臣是协助其管天地之业的"家相"。老年长辈，先我而生，我尊敬他们，就是尊敬天地之长，孤儿幼子，后我而生，我慈爱他们，就是慈爱天地之幼。圣人，是与天地合德者；贤人，也是天地之秀者。凡天下病苦、残疾、鳏、寡、孤、独之辈，也应像我颠沛流离而有苦无告的同胞兄弟一样，给予同情、抚育。

这样的社会是何等美妙！在中国特色社会主义新时代，"民胞物与"的精神重新在我们的耳边回响。宋代设立义庄、义田、义宅、义学、义社、义仓、义冢、义阡、义井、义役等，创办者皆是对人群、社会的无私付出，使利归大众，构建一个人人互相亲爱、和睦相处的社会。这些社会福利行动与"民胞物与"等仁义思想的流行是分不开的，值得今天的人们借鉴学习。要进入这样一个理想社会，每个人都应该树立正确的价值观和大同理想，并为之奋斗不懈。

从一个人的角度来看，张载是极为普通的，只不过是宋朝万千读书人中的一员，官也做得不大，但是正如二程所赞扬的，张载是个普通人，却说出了《西铭》这种只有圣人才能说出的思想，对中国社会的发展产生了重要的影响。看来，普通的人也并非做不出伟大的事，只要我们能够勇于思考自己的责任，积极承担社会赋予我们的责任，认真地去履行自己的责任，就可以了。

孔子曾说，一个人的齐家、治国、平天下是很简单的，他不需要崇高的职位、伟大的机会，他需要的是个人的行动。他在《中庸》里说："好学近乎知，力行近乎仁，知耻近乎勇。知斯三者，则知所以修身；知所以修身，则知所以治人；知所以治人，则知所以治天下国家矣。"

同样在《大学》中，也有一段文字载孔子说："自天子以至于庶人，壹是皆以修身为本。"在儒家典籍中这个观点屡见不鲜，文明是人类最伟大的过程，就是我们自己创造的，我们的社会是更好还是更坏，取决于我们的人心和行动，每个人都有责任。

年　谱

1020 年（天禧四年）　张载出生于长安。

1023 年（天圣元年）　随父亲张迪至四川涪州任所。

1034 年（景祐元年）　运父亲灵枢回开封，行至眉县横渠镇，因路资不足及前方兵变，定居于此守孝。

1038 年（宝元元年）　与焦寅谈论军事，欲组织义勇军报效国家。

1041 年（庆历元年）　上书范仲淹，提出自己的军事主张，并接受了范仲淹的劝告，立志学术。

1042 年（庆历二年）　在范仲淹邀请下，撰《庆州大顺城记》。

1057 年（嘉祐二年）　讲《易》于开封相国寺，初见二程（程颢、程颐）；中进士，先受任祁州司法参军，不久迁任云岩县令。

1058 年（嘉祐三年）　调任京官，任著作佐郎，参与修史工作。

1065 年（治平二年） 请辞修史之职，回老家养亲。文彦博赴长安治理西北边防事务，邀请张载到长安讲学。

1067 年（治平四年） 任渭州签书军事判官，撰《与蔡帅边事划一》等，协助蔡挺筹划边务。

1069 年（熙宁二年） 到京师汴梁，与宋神宗论治国之道，任崇文院校书，与王安石论政，去浙东明州（今浙江宁波）审理苗振贪污案。

1070 年（熙宁三年） 自浙东明州审理苗振案后还朝。适逢弟戬以语犯王安石变法，张载遂以病为理由辞官归眉县横渠镇，始创横渠书院，开始了《正蒙》等著作的撰写，并实践井田制。

1072 年（熙宁五年） 在眉县横渠镇著书，讲学。闻蔡挺被提为枢密副使，书《贺蔡密学启》。

1077 年（熙宁十年） 受秦凤路守帅吕大防举荐，任同知太常礼院（礼部副职）。因与礼官议礼不合，辞官西归，过洛阳见二程。农历十二月行至临潼驿舍卒。

1220 年（南宋嘉定十三年） 追谥明公。

1241 年（南宋淳祐元年） 以郿伯配享孔庙。

主 要 著 作

　　《横渠易说》《正蒙》《礼乐说》《论语说》《孟子说》
(《横渠孟子解》)《张子语录》《横渠春秋说》《信闻记》《崇
文集》《经学理窟》，但是大多已散逸。今存《正蒙》《横渠
易说》《经学理窟》《张子语录》和《文集》的一部分，收在
《张载集》中。